Christopher Ferner | Steven Meyer

111 queere Orte in Hamburg, die man gesehen haben muss

Mit Fotografien von Charlie Spiegelfeld

111

emons:

Bibliografische Information der Deutschen Nationalbibliothek
Die Deutsche Nationalbibliothek verzeichnet diese Publikation in der Deutschen Nationalbibliografie; detaillierte bibliografische Daten sind im Internet über http://dnb.d-nb.de abrufbar.

MIX
Papier | Fördert gute Waldnutzung
FSC® C083411
FSC www.fsc.org

Gestaltung: Eva Kraskes, nach einem
Konzept von Lübbeke | Naumann | Thoben
Kartografie: altancicek.design, www.altancicek.de
Kartenbasisinformationen aus Openstreetmap,

Druck und Bindung: CPI – Clausen & Bosse, Leck
Printed in Germany 2022
ISBN 978-3-7408-1363-5

Vorwort

Hamburg war nicht immer so queer, wie es heute an manchen Ecken der Stadt sein kann, darf und soll. Wie im Rest Deutschlands wurden Menschen abseits der Heteronorm hier über Jahrzehnte bespitzelt, strafrechtlich verfolgt, gefoltert und ins Gefängnis oder Konzentrationslager gesteckt. Doch selbst zu Zeiten staatlicher Repression haben es queere Menschen geschafft, Widerstand gegen das politische und medizinische Unrecht zu leisten und sich eigene Räume zu schaffen. Auch wenn ein freies Leben natürlich selbstverständlich sein sollte, dürfen wir nicht vergessen, wer für diesen Fortschritt gekämpft und teilweise das eigene Leben gelassen hat.

Wir wollen mit diesem Buch vergessene Orte ins Bewusstsein rufen, unserer Vorgänger:innen gedenken und ihre Geschichten erzählen. Deshalb haben wir »queere Orte« weit gefasst und schreiben auch über Plätze, Straßen und Räume, die allen in Hamburg bekannt sind. Wir erzählen von Orten, die zwar nicht explizit queer sind, an denen aber LGBTIQ-Geschichte geschrieben wurde.

Doch wir wollen nicht nur von den dunklen Kapiteln der Hansestadt erzählen. Deshalb gehen wir auch an Orte, an denen schwules, lesbisches, trans, inter und queeres Leben heute stattfindet. Wir schreiben über Bars, Clubs, Partys, Galerien und Theater, die abseits der heterosexuellen Norm arbeiten – von denen hat Hamburg trotz steigender Mieten und fortschreitender Gentrifizierung einige zu bieten! Dabei kamen wir aber nicht umhin, festzustellen: Wie in vielen anderen Städten dominieren auch in der Hansestadt Orte für schwule cisgender Männer. Aber gerade jüngere Lokalitäten versuchen, die Grenzen zwischen den sexuellen und geschlechtlichen Identitäten zunehmend verschwimmen zu lassen.

Wir nehmen euch also mit auf eine Reise durch die queere Vergangenheit und die Gegenwart Hamburgs und erzählen von bemerkenswerten Orten und Menschen, die auch heute noch viel zu wenig Gehör finden. Und für alle, die noch immer nicht verstanden haben, dass queere Sichtbarkeit nicht verschwinden wird und sich daran stören: We are here, we are queer, get used to it!

111 queere Orte

METROPOLIS KINO

1 Das ABATON-Kino

Ein Film, der Geschichte schrieb

Im schicken Stadtteil Rotherbaum liegt das ABATON-Kino, das sowohl von innen als auch von außen begeistert. Innen überzeugt das Lichtspielhaus, das bereits seit 1970 besteht und eines der ersten Programmkinos Deutschlands war, mit seiner Filmauswahl. Außen sticht es durch eine wunderschöne Fassade und Terrasse hervor, die sich bestens für ein sommerliches Getränk eignet.

Viel beeindruckender ist aber, dass nur wenige Jahre nach der Eröffnung am 7. Mai 1972 eine Vorstellung des WDR-Films »Nicht der Homosexuelle ist pervers, sondern die Situation, in der er lebt« von Rosa von Praunheim stattfand. Anschließend gab es eine »Diskussion über Konsequenzen für uns«. Der Regisseur und LGBTIQ-Aktivist, der 1942 in Riga geboren wurde, schuf damit einen der wichtigsten deutschsprachigen LGBTIQ-Filme. Rosa von Praunheim richtete sich mit seinem Werk nicht an die Mehrheitsgesellschaft, sondern explizit an alle homosexuellen Menschen und wollte diese animieren, solidarisch füreinander einzustehen. Die These: Homosexuelle Menschen würden sich verstecken und es liege in ihrer Macht, das Versteck zu verlassen und ihre Angst zu überwinden.

Der Film ist explizit und brach damals viele Tabus. So fallen etwa rund 900 Mal die Worte »Schwuler« oder »schwul«. Da der Sender sich vor den Reaktionen fürchtete, verschob er den ursprünglich prominenten Sendetermin. Die Verantwortlichen hatten die Sorge, dass der Film bestehende Vorurteile gegen Homosexuelle verstärken könnte. Die Ausstrahlung wurde tatsächlich zum Skandal, Zuschauer:innen waren schockiert. Die Telefone des Senders waren zum Zeitpunkt der Ausstrahlung verstärkt besetzt, etwa 95 Prozent der Anrufer:innen missfiel der Film – heute würde man wohl von einem Shitstorm sprechen. Dennoch, oder gerade deshalb, wird dem Film bis heute nachgesagt, wesentlich zum Entstehen einer deutschsprachigen Schwulenbewgung beigetragen zu haben.

Adresse ABATON-Kino, Allende-Platz 3, 20146 Hamburg | ÖPNV Bushaltestelle Grindelhof, Linie 4, 5, 604 | Öffnungszeiten Programm auf www.abaton.de, Tel. 040/41320320 | Tipp Im Salon Wechsel Dich (Grindelhof 62) Design-Möbelstücke shoppen und köstliche Waffeln essen.

2 Die Aidshilfe Hamburg

Ein Piks, der die Welt bedeutet

Die Aidshilfe in Hamburg existiert bereits seit mehr als 40 Jahren. 1984 wurde sie gegründet, also bereits ein Jahr, nachdem der französische Virologe Luc Montagnier und sein amerikanischer Kollege Robert Charles Gallo das Virus entdeckt hatten. Ein Jahr zuvor hatte das Robert-Koch-Institut angefangen, ein Fallregister für Deutschland zu führen.

In Deutschland leben mehr als 91.000 Menschen mit dem HI-Virus. Mehr als 97 Prozent der Diagnostizierten nehmen HIV-Medikamente ein, ein großer Teil kann das Virus sogar dank erfolgreicher Therapie nicht einmal weitergeben. Das bedeutet, dass diese Menschen sicheren ungeschützten Sex haben und sogar Kinder zur Welt bringen können, die HIV-negativ sind. Ein wirklicher Fortschritt! Dennoch sind Schätzungen zufolge etwa 9.500 Menschen in Deutschland HIV-positiv, ohne von ihrer Infektion zu wissen. Sie bekommen also keine Behandlung und können das Virus weitergeben. Genau deshalb ist ein regelmäßiger HIV-Test (ebenso wie Tests auf andere sexuell übertragbare Krankheiten) wichtig – nicht nur für vermeintliche Risikogruppen, sondern für alle. Gerade bei Heterosexuellen ist die Zahl der Neuinfektionen in den letzten Jahren gestiegen.

Die Aidshilfe Hamburg als professionelle Beratungseinrichtung wird von mehr als 150 ehrenamtlichen Mitarbeiter:innen und 14 Fachpersonen am Laufen gehalten. Neben Beratungen finden hier auch Workshops, Testungen und viele Selbsthilfegruppen statt, die Menschen mit HIV im Alltag unterstützen. Das wunderschöne alte Backsteingebäude in der Langen Reihe fällt beim Flanieren in St. Georg sofort auf – so klein und eingeengt zwischen zwei größeren Wohnhäusern. Die Türen der Aidshilfe stehen wirklich allen offen. Wenn ihr also gerade in der Nähe seid, wieso plant ihr nicht gleich einen HIV-Test ein? Der sollte mittlerweile sowieso zur jährlichen Routine gehören!

Adresse Aidshilfe Hamburg, Lange Reihe 30–32, 20099 Hamburg | **ÖPNV** U-Bahn-Haltestelle Hauptbahnhof Nord, Linie U 2, U 4; Bushaltestelle HBF / Kirchenallee, Linie 6, 17, 18, 607 | **Öffnungszeiten** Mo–Fr 10–19 Uhr | **Tipp** Eine Tüte Süßigkeiten in einem Kiosk in der Langen Reihe zusammenstellen, zum Beispiel im Kiosk 87 (Lange Reihe 87).

3 Das Alsterhaus

Luxus mit bitterem Beigeschmack

Wer in Hamburg so richtig viel Geld ausgeben möchte, ist im Alsterhaus bestens aufgehoben. In dem am Jungfernstieg stehenden Konsumtempel lassen sich Feinkost und Designermode en masse finden. Wenn es der Geldbeutel hergibt, kann man sich hier durch fünf Etagen und 24.000 Quadratmeter shoppen, sich eine neue Frisur zulegen oder ein neues Design-Möbelstück kaufen.

Das Alsterhaus gibt es schon seit über hundert Jahren; 1912 wurde die Eröffnung gefeiert – damals noch unter dem Namen »Warenhaus Hermann Tietz«. Bereits zu dieser Zeit konnten die Besucher:innen hier luxuriöse Waren erwerben. Die Familie Tietz betrieb nicht nur das Geschäft am Jungfernstieg. Ihr gehörten Kaufhäuser im ganzen Land. Im Jahr 1933 musste die Familie das Unternehmen allerdings zwangsverkaufen, nachdem zahlreiche Banken sich weigerten, Kredite an die Besitzer:innen zu vergeben. Der Grund: Hermann Tietz war jüdisch. Das Kaufhaus ging zu einem schikanierend niedrigen Preis an ein Bankenkonsortium.

1936 wurde es schließlich aus antisemitisch motivierten Gründen in Alsterhaus umbenannt, um die ehemaligen Besitzer:innen aus dem kollektiven Gedächtnis der Hansestadt zu verbannen.

Doch die Nazis sorgten mit ihrem wahnhaften Weltbild nicht nur dafür, dass die Familie ihr Geschäft aufgeben musste. 1936, also im Jahr der Umbenennung des Kaufhauses, führte die Geheime Staatspolizei eine weitere ihrer sogenannten Arisierungsaktionen im Alsterhaus durch. Dabei ließ die Gestapo insgesamt 40 homosexuelle Angestellte und Verkäufer:innen verhaften.

Wer heute an den Geschäften mit Lederhandtaschen, Stiefeln und Cashmere-Pullis vorbeigeht, weiß häufig nicht einmal, dass auch an diesem Ort des Konsums und Übermaßes eine Geschichte der Verfolgung und Vertreibung haftet. Doch der Name, der ein Überbleibsel aus der Nazizeit ist, erinnert noch daran.

Adresse Alsterhaus, Jungfernstieg 16–20, 20354 Hamburg | ÖPNV S- und U-Bahn-Station Jungfernstieg, Linie S1, S2, S3, S21, U1 | Tipp Einen Coffee-to-Go beim Mit-freundlichen-Grüßen-Café (Jungfernstieg 14) schnappen und einen Spaziergang um die wunderschöne Binnenalster machen.

4 Der Alsterpavillon

Anbahnende Männer

Der Jungfernstieg ist fast so bekannt wie der Michel oder die Elbphilharmonie. Auf der historischen Flaniermeile in Hamburg tummeln sich besonders bei gutem Wetter sowohl zahlreiche Hamburger:innen als auch Tourist:innen, um die Sonnenstrahlen und das Panorama zu genießen. Den wunderschönen Blick auf die Alsterfontäne und die umliegenden Gebäude muss man einfach lieben.

Dort wo sich der Alsterpavillon befindet, stand früher ein viel schöneres Gebäude, das bereits den gleichen Namen trug. Es existierte bis 1942 und war 1914 das wohl berühmteste Kaffeehaus der Welt – zumindest laut den Journalist:innen des Hamburger Fremdenblatts. Der Alsterpavillon war damals bei schwulen Männern sehr beliebt, die während der Herrschaft der Nationalsozialisten eigentlich gar keine andere Möglichkeiten in Hamburg hatten, andere Männer zu treffen. Dass die Grünanlagen bei der Lombardsbrücke gleich gegenüber lagen, war sicherlich ein großer Vorteil: Hier befindet sich das älteste Cruising-Gebiet Hamburgs, das bereits seit den 1860er Jahren von schwulen Männern besucht wird. Hier konnten sich die Gäste des Alsterpavillons nach ein paar Drinks und einem Flirt näherkommen.

Das Anbahnen am Jungfernstieg war jedoch nicht ganz ungefährlich: Die Polizei wusste von dem Treffpunkt und wollte sich dort auch Anhänger:innen der oppositionellen Swing-Jugend schnappen, die sich ebenfalls gern im Pavillon traf.

In der Nacht vom 26. auf den 27. Juli 1942 wurde der Alsterpavillon dann bei massiven Bombardierungen der Alliierten zerstört, bei denen auch Zehntausende Menschen in Hamburg starben und sich Flächenbrände zu seinem Feuersturm entwickelten. Die Luftangriffe der Briten und US-Amerikaner hatten den Codenamen Operation Gomorrha und verwüsteten ganze Teile der Stadt. Die Spuren sind noch bis heute in der Hansestadt sichtbar.

Adresse Jungfernstieg, 20354 Hamburg | **ÖPNV** U-Bahn- und S-Bahn-Haltestelle Jungfernstieg, Linie U2, U4, S1, S2, S3 | **Tipp** Über den Jungfernstieg Richtung Gänsemarkt spazieren und eine Bowl bei Rå (ABC-Straße 52) essen.

5 Der Alte Elbpark

Das etwas andere Teehaus

Der Alte Elbpark und die Gegend rund um das umstrittene Bismarck-Denkmal waren früher häufig Schauplatz von sexuellen Abenteuern. Gleich gegenüber dem U-Bahnhof St.Pauli befand sich nämlich bis 1962 die bekannteste Klappe Hamburgs, die auch das »Teehaus« genannt wurde. Im etwas anderen Teehaus wurde allerdings kein Pfefferminztee und auch kein Darjeeling serviert. Stattdessen gab es geile Männer. Das Pissoir wurde, wie viele andere Orte zu dieser Zeit, zweckentfremdet, um nach schnellem Sex zu suchen. Und in dieser Klappe war scheinbar richtig viel los: Hier mischten sich neben interessierte Männer auch immer viele Stricherjungs, die ihre Dienste anboten.

Wenn man(n) sich jemanden gesucht hatte, mit dem man(n) gern ein bisschen Zweisamkeit wollte, ging es weiter in den Alten Elbpark. Die Grünanlagen zwischen der Helgoländer Allee und dem Zirkusweg bis zum Bismarck-Denkmal wurden dann zu dem wohl größten Cruising-Gebiet Hamburgs. Die gesellschaftliche Situation war für schwule Männer damals im Vergleich zu heute eine ganz andere, weshalb Cruising häufig eine der wenigen Möglichkeiten darstellte, anderen Männern näherzukommen. Doch selbst heute ist diese Art der Anbahnung noch immer möglich und erfreut sich trotz moderner Vernetzungsmöglichkeiten via Apps und queerer Treffpunkte großer Beliebtheit.

1962 wurde das Teehaus schließlich im Zuge der Bauarbeiten für die Internationale Gartenschau 1963 abgerissen. Die Stadt wollte einen guten Eindruck machen. Männer, die auf einer Toilette lungern und nach Sex suchen, passten dabei nicht ins Selbstbild der Hansestadt. Das verstimmte die Community natürlich. Deshalb sollen schwule Männer damals Kränze und Blumen in die Baustelle geworfen haben, um das besondere Pissoir zu ehren, in dem viele Männer zueinandergefunden haben – und es weiterhin gerne getan hätten.

Adresse Alter Elbpark, Helgoländer Allee, 20459 Hamburg | ÖPNV U-Bahn-Haltestelle St. Pauli, Linie U3; Bushaltestelle St. Pauli, Linie 16, 17, 112 | Tipp Den Ausblick auf die Landungsbrücke und den Hafen von der Kersten-Miles-Brücke genießen.

6 Der alte Hamburger Hafen

Ahoi, sexhungrige Matrosen

Hamburg ist weltberühmt für seinen Hafen, das Tor zur Welt, das der Hansestadt ihren besonderen Charme und Charakter verleiht. Seine Geschichte reicht weit zurück: Der 7. Mai 1189 markiert die Geburtsstunde von Deutschlands größtem Seehafen und dem drittgrößten Hafen Europas. Über Hunderte Jahre spülte Hamburgs wirtschaftlicher Motor dabei nicht nur Gemüse, Obst und andere Produkte aus aller Welt in die Innenstadt, sondern mit den Wirtschaftsgütern auch Matrosen, die auf den Schiffen arbeiteten und sich die Nächte vertreiben wollten. Meist landeten die Rudel von Männern, die lange Zeit unter sich auf einem Schiff verbracht hatten, auf St. Pauli, wo viele von ihnen Sexarbeiterinnen auf dem Kiez aufsuchten.

Unter den Seeleuten gab es selbstverständlich auch viele schwule Kameraden, was wenig überraschend ist. Weil Matrosen damals sehr beliebt waren, hielten sich schwule Hamburger zu dieser Zeit häufig in den Lokalen am Hafenrand auf oder warteten in einer der vielen Klappen unter den Hafenbrücken oder den Kais auf ein sexuelles Abenteuer mit einem Seemann. In dieser Zeit inserierten homosexuelle Hamburger auch häufig im Freundschaftsblatt in der Hoffnung, einen Matrosen für eine besondere Nacht zu finden. Neben den Matrosen war ein Teil von deren Uniform in den 1920er Jahren beliebt unter schwulen Männern: die Matrosenhose. Diese galt nicht nur als stylisch, sondern auch als äußerst praktisch, wenn man einem heißen Typen begegnete: die integrierte Klappe am Hosenbund konnte immer schnell und unkompliziert aufgeknöpft werden.

Seitdem Container als Transporteinheiten genutzt werden, haben sich die Liegezeiten der Schiffe verkürzt. Heute liegen sie auch an den Kais auf der Südseite der Elbe, weit entfernt von St. Pauli. Der Job des Matrosen hat sich außerdem gewandelt, deshalb sind Seeleute in Uniformen heute wohl komplett aus dem Hamburger Stadtbild verschwunden.

Adresse Station Landungsbrücken, 20459 Hamburg | **ÖPNV** U- und S-Bahnstation Landungsbrücken, Linie S 1, S 2, S 3, S 21, U 3; Bushaltestelle Landungsbrücken, Linie 608, 2, 111 | **Tipp** Eine Hafenrundfahrt ab der Station Landungsbrücke, um den Hamburger Hafen zu erkunden.

7 Der alternative CSD

Kommt in die Gänge!

Die Geschichte des Christopher Street Days, der mittlerweile auch häufig Pride genannt wird, geht auf die Stonewall Riots in New York 1969 zurück. Damals wollten sich die queeren Besucher:innen des Stonewall Inns, die überwiegend Schwarz oder lateinamerikanisch waren, die polizeiliche Willkür nicht mehr gefallen lassen und lieferten sich eine Straßenschlacht mit der Exekutive.

Seit Jahrzehnten werden Christopher Street Days auch in europäischen Städten als Demonstrationen organisiert. Die politischen Forderungen stehen allerdings mittlerweile immer weniger im Mittelpunkt. Stattdessen ist der CSD eine große Party geworden. Zwar können natürlich auch Partys politisch sein. Doch die Veranstaltung wird unleugbar kommerzieller; politische Parteien und große Unternehmen nutzen die Parade als Werbefläche. Deshalb finden in vielen Städten mittlerweile alternative CSD-Veranstaltungen statt, die den Ausverkauf und die Kommerzialisierung nicht hinnehmen wollen.

Im Gängeviertel wird die Hamburger Alternative organisiert. Das Team hinter dem COMMAND QUEER will mit den Veranstaltungen einen Raum schaffen, der radikal inklusiv, transfreundlich und frei von Rassismus, Sexismus sowie Antisemitismus ist. Das Team setzt sich aus mehr als 60 Personen unterschiedlicher beruflicher Hintergründe zusammen. Die Aktivist:innen, Künstler:innen, DJs, und Bewohnenden des Gängeviertels, die zum Team gehören, kritisieren, dass CSD-Paraden von weißen, cisgender, schwulen Männern dominiert werden und dass sich ein Großteil der Communities nicht mehr repräsentiert fühlt. Sie wollen sich nicht weiter zur Zielgruppe von Unternehmen machen lassen, die ihr Image pünktlich zum Pride-Month mit Regenbogenfarben aufzuwerten versuchen. Deshalb schaffen sie im Gängeviertel eine Alternative zum vielbesuchten Christopher Street Day, eine queere Utopie – zumindest an ein paar Tagen im Jahr.

Adresse Gängeviertel, Valentinskamp / Speckstraße / Caffamacherreihe, 20355 Hamburg | ÖPNV U-Bahn-Haltestelle Gänsemarkt, Linie U 2, Bushaltestelle Dragonerstall, Linie 3, 602, 607, 688, X 35 | Öffnungszeiten Informationen zu »Escape the binary« unter www.cmd-queer.de | Tipp Einen leckeren Drink in der gemütlichen Jupi Bar (Caffamacherreihe 37 – 39) gleich um die Ecke trinken.

8 Die Apollo Sauna

Ein Ort zum Schwitzen

In einer Schwulensauna wird – Überraschung! – nicht nur sauniert. Die Gäste kommen stattdessen oft, um sich ein bisschen zu vergnügen. Das heißt aber nicht, dass sich die Besucher hier nicht auch entspannen können. Die Apollo Sauna bietet ihren Gästen eine Dampfsauna, eine finnische Sauna und ein Tauchbecken. Dass Letzteres frei jedweder Körperflüssigkeiten ist, kann allerdings niemand garantieren.

Anders als andere Gay-Saunen versucht die Apollo Sauna in der Hamburger Schanze nicht, junge Männer mit schmackhaften Angeboten anzulocken. Stattdessen bezeichnet sich die Hamburger Gay-Sauna als Ort für Männer über 40 Jahren und deren Fans. Sie schließt damit Jüngere natürlich nicht aus. Doch dem Jugendwahn wird sich hier nicht gebeugt – was durchaus sympathisch ist. Wer genug vom Saunieren hat, kann es sich im Barbereich gemütlich machen. In der Apollo Sauna befindet man sich zugegebenermaßen nicht gerade im Interieur-Himmel, doch die Einrichtung erfüllt ihren Zweck. Wer ein erfrischendes Bier nach einer Runde Schwitzen will, bekommt es hier. Neben der Bar gibt es auch noch eine Ecke, in der Fernseher stehen, die Schwulenpornos zeigen. Entweder zur Einstimmung, Inspiration oder um die Stimmung des Establishments nochmal zu unterstreichen – obwohl das eigentlich gar nicht notwendig wäre.

Wer in der Sauna oder im Barbereich niemanden gefunden hat, den er interessant findet, kann auch einfach mal im Darkroom vorbeischauen. In den dunklen Gängen kann man zwar nicht so richtig erkennen, wer da eigentlich vor einem steht. Dafür stehen einem aber glücklicherweise ja noch ein paar andere Sinne zur Verfügung – genau darin liegt ja der Reiz eines Darkrooms. Wer nicht auf Dunkelheit, sondern auf mehr Privatsphäre steht, hat die Möglichkeit, sich in eine der Kabinen oder einen Entspannungsraum zurückzuziehen.

Adresse Apollo Sauna, Max-Brauer-Allee 277, 22769 Hamburg | **ÖPNV** U- und S-Bahn-Haltestelle Sternschanze, Linie A 1, S 11, S 21, S 31, U 3; Bushaltestelle Schulterblatt, Linie 15 | **Öffnungszeiten** täglich 12–21 Uhr | **Tipp** Eine Portion Pommes im Imbiss Golden'n'Brown (Max-Brauer-Allee 277) genießen.

9 Die Asklepios Klinik

Ein Hamburger Held

Im Norden Hamburgs steht ein Krankenhaus, dessen ehemaliger Direktor ein Mitbegründer der Homosexuellenbewegung der Weimarer Zeit war: Prof. Dr. Andreas Knack. Das Gründungsmitglied der Hamburger Gesellschaft für Sexualforschung leitete das Krankenhaus Hamburg-Barmbek bis 1933. Trotz seines Engagements führte Knack Beziehungen mit Frauen, heiratete insgesamt drei Mal.

In mehreren Schriften rief der Mediziner schon damals zum Kampf gegen Geschlechtskrankheiten auf. Er war außerdem Vorstandsmitglied des wissenschaftlich-humanitären Komitees, mit dem er gemeinsam mit Magnus Hirschfeld und vielen weiteren Männern versuchte, sich gegen homofeindliche Strafgesetze zu organisieren. All diese Aktivitäten missfielen den Nationalsozialisten, die den Arzt ohnehin schon lange loswerden wollten. 1933 wurde er schließlich seines Amtes enthoben und bekam 1934 seine Approbation entzogen.

Kurz nach der Machtergreifung wurde er in das Hamburger Konzentrationslager Fuhlsbüttel, auch Kola-Fu genannt, eingeliefert. Der Arzt, der neben all seinem Engagement auch führender Sozialdemokrat in Hamburg war, konnte sich jedoch aus dem Terrorlager retten. Durch Kontakte und mit Hilfe des Völkerbundes schaffte er es, Nazi-Deutschland zu verlassen und nach China auszuwandern. Dort arbeitete er als stellvertretender Direktor des Zentralkrankenhauses Nanking. 1935 arbeitete er dann als beratender Arzt am belgischen Missionshospital in Kwaisui in der südlichen Mongolei. Später betrieb er eine Arztpraxis in Peking und in Mukden, einer Stadt im Nordosten des Landes. Im Dezember 1948 konnte er schließlich mit Hilfe des »International Relief Committee of China« nach Hamburg zurückkehren, wo er noch drei Jahre als Präsident der Gesundheitsbehörde arbeitete und 1956 schließlich starb. Heute ist eine Straße in Barmbek-Nord nach ihm benannt: der Andreas-Knack-Ring.

Adresse Asklepios Klinik, Lohmühlenstraße 5, 20099 Hamburg | **ÖPNV** U-Bahn-Haltestelle Lohmühlenstraße, Linie U1; Bushaltestelle U Lohmühlenstraße, Linie 16, 608 | **Tipp** Im Frühjahr an den wunderschönen blühenden Kirschbäumen vor dem Krankenhaus vorbeischlendern.

10 Die Außenalster

Das Herz Hamburgs

Wer an Hamburg denkt, kommt nicht umhin, neben Michel und Elbphilharmonie auch an die Alster zu denken. Der 56 Kilometer lange Nebenfluss der Elbe ist das Herz der Stadt und lockt sowohl Tourist:innen als auch Hamburger:innen täglich an seine Ufer. Ob im Sommer mit einem Boot oder das restliche Jahr zu Fuß – ein Besuch der Außenalster ist immer eine gute Idee.

Zudem wartet das Herzstück Hamburgs mit einer queeren Geschichte auf: In den 1990er Jahren war die Alster mehrmals Austragungsort von Benefizveranstaltungen des Vereins Big Spender, die zum Ziel hatten, Geld für Aids-Hilfsprojekte aufzutreiben. 1993 wurde rund um die Alster eine Mischung aus Laufveranstaltung, Demonstration und Spaziergang organisiert. Die Läufer:innen sollten sich dabei im Vorfeld Sponsoren suchen, um Geld für stationäre Pflegeeinrichtungen zu sammeln. Durch Aktionen wie diese kam über die Jahre viel Geld zusammen, das für verschiedene HIV-Projekte genutzt und eingesetzt werden konnte.

Während HIV in vielen westlichen Ländern dank neuer Therapiemöglichkeiten heutzutage gut behandelbar ist, bedeutete eine Infektion in den 1990er Jahren und erst recht in den 1980er Jahren noch etwas ganz anderes. Damals kam eine Diagnose oft einem Todesurteil gleich. Die Krankheit, die 1983 entdeckt wurde, traf die queere Community anfangs besonders hart. HIV galt deshalb lange Zeit als »Schwulenkrankheit« und führte zu Diskriminierung, Ausgrenzung und einem Stigma, das bis heute nachwirkt. Anfänglich wurde die Krankheit sogar mit GRID abgekürzt, was für »gay related immune deficiency« stand. Zwar gab es zu Zeiten der Big-Spender-Aktionen bereits Medikamente. Diese waren jedoch nicht vergleichbar mit den heutigen Therapiemöglichkeiten. Mittlerweile kann durch die richtige Behandlung die Viruslast der Patient:innen so gering gehalten werden, dass sich die Infektion nicht mal mehr nachweisen lässt.

Adresse Startpunkt Spaziergang Dammtor, 20148 Hamburg | **ÖPNV** S-Bahn-Haltestelle Dammtor, Linie S 11, S 21, S 31, Bus: SEV) | **Tipp** Hamburgs Gewässer erkunden und die Atmosphäre um die Alster genießen.

11 Der Axel-Springer-Platz

Gefährliche Schlagzeilen

»Verbrechen der lesbischen Frauen« – so betitelte die BILD-Zeitung eine Artikelserie Anfang der 1970er Jahre. In der Serie schrieb das Blatt des Axel-Springer-Verlags über Gewaltverbrechen, an denen lesbische Frauen beteiligt waren. Anlass dazu war der Mordprozess gegen Judy Andersen und Marion Ihns. Die beiden Frauen, die eine Liebesbeziehung führten, ließen den Ehemann von Ihns töten. Daraufhin startete die Homosexuellen Aktion Westberlins (HAW) eine Flugblatt-Kampagne, in der sie der BILD-Zeitung vorwarf, allen Frauen »die keinen Mann zum Glücklichsein brauchen«, kriminelle Absichten zu unterstellen. Weiter schrieben sie: »Wir sind es! Wir wissen, dass wir weder unnormal noch krankhaft veranlagt noch kriminell sind. Wir sind einfach Frauen, denen es keinen Spaß macht, mit Männern zu schlafen.«

Die Überschriften der Artikel-Serie waren so lesbenfeindlich, wie man es sich heute kaum vorstellen kann. So lautete eine Überschrift: »Wenn zwei Frauen entdecken, dass sie sich lieben, sind sie oft zu den ungeheuerlichsten Taten fähig.« Eine andere: »Wenn Frauen nur Frauen lieben, kommt es oft zu einem Verbrechen.« Der Mordprozess gegen Marion Ihns und Judy Anders wurde von lautstarken Protesten begleitet. Im Gerichtssaal standen mehrere Frauen von den Zuschauer:innenbänken auf. Auf ihren T-Shirts war zu lesen: »Gegen geile Presse – für lesbische Liebe«. Damit wollten sie ihrem Unmut über die Berichterstattung der BILD-Zeitung Ausdruck verleihen.

Die Tumulte führten dazu, dass die Richter den Saal verließen. Die BILD-Zeitung titelte dazu: »Richter flüchten vor lesbischen Frauen.« Die Angeklagten Ihns und Andersen bekamen lebenslänglich für ihre Tat. Später kam heraus, dass der Mann von Ihns seine Frau jahrelang geschlagen und missbraucht hatte. Dieser Umstand wurde beim Urteilsspruch nicht berücksichtigt.

Adresse Axel-Springer-Platz, 20355 Hamburg | ÖPNV Bushaltestelle Axel-Springer-Platz, Linie 607, X 35, 3; S-Bahn-Haltestelle Stadthausbrücke, Linie S 1, S 2, S 3, S 21 | Tipp Auf einen Kaffee bei den Public Coffee Roasters vorbeischauen (Wexstraße 28).

12 Der Bahnhof Dammtor

Eine perfide Taktik

Das Dammtor war bis ins 19. Jahrhundert ein Stadttor und befand sich in der Gegend des heutigen Bahnhofs. Weil dieser als Paradebahnhof für Staatsbesuche errichtet wurde, war er auch ein optischer Hingucker. Vom drittgrößten Bahnhof Hamburgs im Stadtteil Rotherbaum ist es nicht weit Richtung Stephansplatz oder zur Binnenalster.

Zur Zeit der Schwulenverfolgung diente der Bahnhof Dammtor aber nicht mehr als Stadttor, sondern war ein beliebter Treffpunkt für Hamburger Schwulenhasser. Diese Männer versammelten sich hier und lauerten Homosexuellen auf. Denn das Dammtor war ein beliebter Ort des sogenannten »Schwulenklatschens«. Dieser grauenvollen und niederträchtigen »Freizeitbeschäftigung« gingen einzelne Hamburger nach. Dabei täuschten die Täter ihre Opfer, indem sie ihnen vorspielten, nach sexuellen Handlungen zu suchen. Anschließend brachten sie die Männer zum Revier. Sie spielten mit dieser Taktik also der Polizei in die Hände.

Zum Glück gehört die Zeit homofeindlicher Straftaten schon lange der Vergangenheit an. Oder? Im Jahr 2020 gab es bundesweit 782 Straftaten gegen queere Menschen, darunter 154 Gewalttaten. In dieser Statistik wurden drei schwulenfeindlich motivierte Morde in Deutschland nicht berücksichtigt. Im Vergleich zum Vorjahr gab es einen Anstieg von 36 Prozent. Doch das sind nur die gemeldeten Fälle – die Polizei geht davon aus, dass die Dunkelziffer weitaus höher sein dürfte. In Hamburg gibt es zwar gesonderte Ansprechpersonen für Menschen aus den queeren Communities, in vielen anderen Bundesländern aber noch nicht. Viele Opfer melden die Hassverbrechen gar nicht erst der Polizei – entweder weil sie sich schämen, der Exekutive nicht trauen oder Angst vor erneuter Diskriminierung haben. Gewalt gegenüber queeren Menschen ist also noch immer Alltag in Deutschland – auch lange nach der Zeit des Paragraphen 175.

Adresse Dammtor Bahnhof, 20148 Hamburg | **ÖPNV** S-Bahn-Haltestelle Dammtor, Linie S 11, S 21, S 31; Bus: SEV | **Tipp** Zum Japanischen Garten (Marseiller Straße 7) pilgern.

13 Der Bahnhof Pauli

Zum Feiern einmal hier aussteigen

U-Bahnstationen sind nicht unbedingt Orte, an denen Menschen gern viel Zeit verbringen. Ganz im Gegenteil: Die Massen, die Geräuschkulisse und der Geruch tragen dazu bei, dass man die unterirdischen Orte meistens so schnell wie möglich verlassen will. Beim »Bahnhof Pauli« ist das allerdings anders. Und das, obwohl es hier auch mal laut und sehr voll wird. Doch der Bahnhof Pauli ist eben kein Bahnhof, sondern ein Club, der lediglich im Stil einer Station eingerichtet wurde.

Tanzfläche, Discokugeln und Loungebereich verraten, dass hier nicht ein- und ausgestiegen, sondern getanzt, getrunken und geflirtet wird. In dem Club, der sich im Keller des Klubhaus St. Pauli befindet, werden nicht nur Konzerte veranstaltet, sondern auch Partys, auf denen mal Hip-Hop, mal Rock und mal elektronische Musik gespielt wird. Für Männer, die auf Männer stehen, dürfte die Veranstaltungsreihe »Babylon« wohl am interessantesten sein. Hier können die Feiernden nicht nur zu Techno-, Elektro- und House-Musik tanzen, sich Drinks an der Bar schnappen oder einfach mal mit Freunden im Loungebereich chillen. Wer Lust auf Sex hat, kann sich in den extra dafür eingerichteten Darkrooms vergnügen.

Wer sich erstmal langsam rantasten möchte, darf den anderen Männern auch einfach mal nur zuschauen. Einziges Tabu dieser Party, auf der sich die Gäste gern freizügig präsentieren, ist das Fotografieren. So muss niemand befürchten, dass in den Tagen nach der Feierei unvorteilhafte Bilder die Runde machen. Der Name der Party kommt von einer der wichtigsten Städte des Altertums, der Hauptstadt Babyloniens. Babylon steht für das Tor Gottes. Die schwulen Gäste können sich bei der Babylon-Party ihrem Hedonismus voll und ganz hingeben. Wer also nicht nur Lust auf Tanzen, sondern auch auf anderen Spaß hat, ist hier genau richtig und muss nur durch das Tor schreiten.

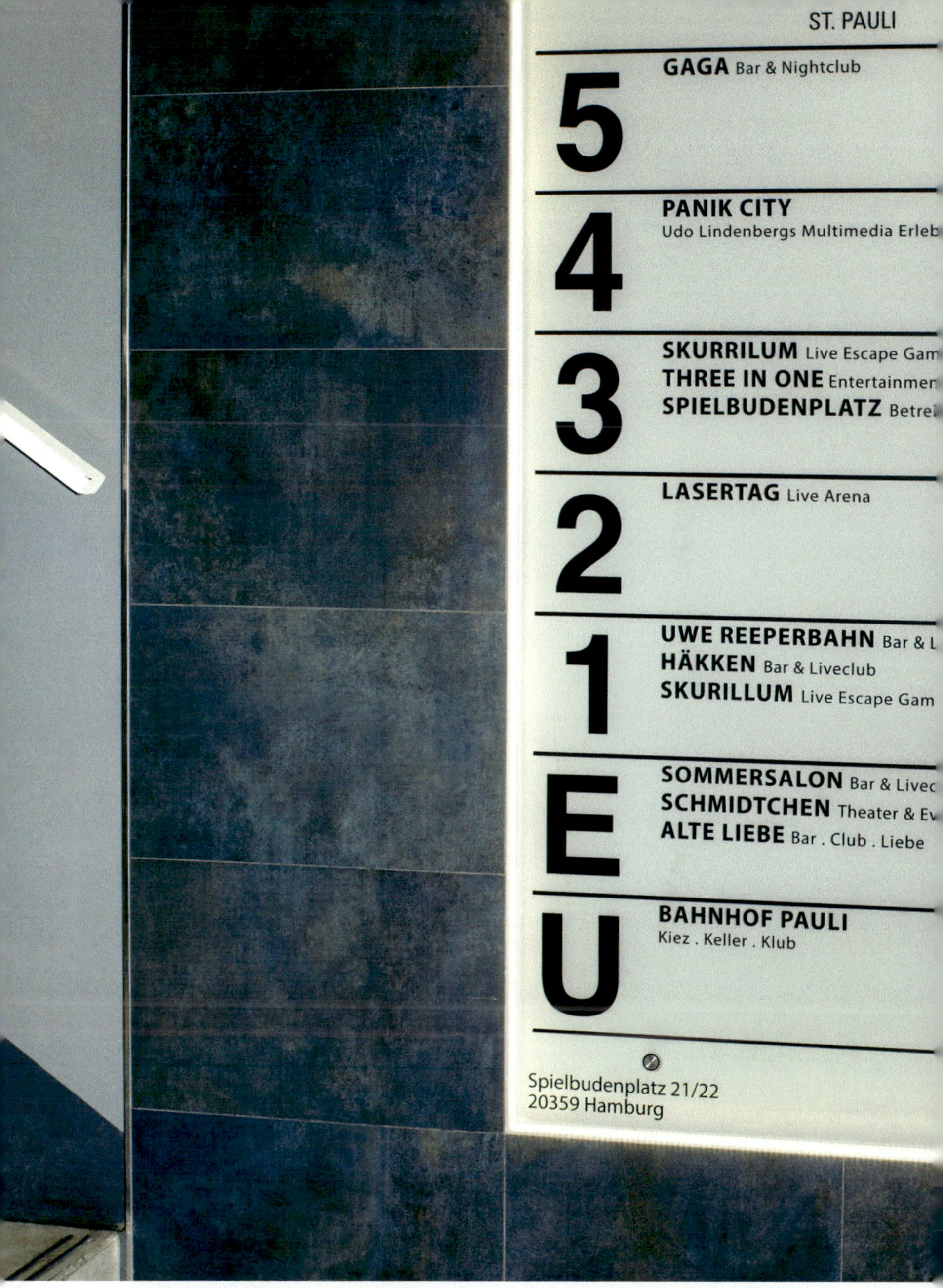

Adresse Bahnhof Pauli, Spielbudenplatz 21–22, 20359 Hamburg | **ÖPNV** U-Bahn-Haltestelle St. Pauli, Linie U 3; Bushaltestelle Davidstraße, Linie 16, 111, 112, 601, 607, 608, 609, 610, 641, 688; S-Bahn-Haltestelle Reeperbahn, Linie S 1, S 2, S 3, S 21 | **Öffnungszeiten** Fr, Sa 23–6 Uhr, info@bahnhofpauli.de | **Tipp** Beim Cruising-Lokal Sparta Junior (Seilerstraße 49) vorbeischauen.

14 Die Ballrooms im Mojo Club

Hamburg is burning

Hamburg ist zwar nicht New York, aber wie in den meisten anderen Großstädten von Berlin über Cape Town bis hin zu Toronto hat sich auch hier in den letzten Jahren eine Voguing-Szene etabliert. Beim Voguing handelt es sich um einen Tanzstil, der in den 1960er Jahren in der Ballroom-Szene in New York entstand. Damals formten afroamerikanische und lateinamerikanischen Jugendliche, die häufig aufgrund ihrer sexuellen Orientierung oder geschlechtlichen Identität von ihren Eltern zu Hause rausgeworfen wurden, sogenannte Houses, die ihnen als Ersatzfamilien dienten.

Gemeinsam entwickelten sie den expressiven Tanzstil, der immer beliebter zu werden scheint. Der Name kommt von der Modezeitschrift Vogue, die getanzten Bewegungen erinnern an Models bei einem Fotoshooting. Bei einem Ballroom gibt es unterschiedliche Kategorien, in denen die Teilnehmenden gegeneinander antreten. Gesellschaftliche Kategorien wie Geschlecht, sexuelle Orientierung oder Herkunft spielen hier allerdings keine Rolle. Die US-amerikanischen Jugendlichen schufen sich so eigene Safer Spaces. Im Jahr 1990 machte Madonna den Tanzstil mit ihrem Song »Vogue« schließlich weltbekannt. Dank der Dokumentation »Paris is burning« und der Serie »Pose« ist der Stil mittlerweile Kult.

In Hamburg finden im Jazz Café im Mojo Club häufig Ballrooms statt, bei denen die Teilnehmenden in Kategorien wie Oldway, Vogue-Femme, Runway oder Face gegeneinander antreten und von einer Jury beurteilt werden. Anders als bei anderen Wettbewerben geht es beim Voguing in erster Linie aber nicht um einen Preis, sondern um Sichtbarkeit und die Community. Beim Ball verwandelt sich der Club auf der Reeperbahn, dessen Geschichte bis in die 1990er Jahre zurückreicht, in einen Laufsteg.

Adresse Mojo Club, Reeperbahn 1, 20359 Hamburg | ÖPNV U-Bahnstation St. Pauli, Linie U3; Bushaltestelle U St. Pauli, Linie 16, 17, 112 | Öffnungszeiten Veranstaltungskalender unter www.mojo.de | Tipp Sich einen Kaffee-to-Go beim Playground Coffee (Detlev-Bremer-Straße 21) kaufen.

15 Die Bar Crazy Horst

Wenn's Brad Pitt gefällt …

Horst Schleich ist ein waschechtes Kiez-Urgestein. Bereits seit 1974 betreibt er die Bar Crazy Horst auf St. Pauli. 1966 zog der damals 22-Jährige von einem kleinen Dorf in Hessen nach Hamburg. Schon als Jugendlicher träumte er davon, in die Hansestadt zu ziehen, um dem biederen und beengten Leben auf dem Dorf zu entkommen. Als schwuler Mann bedeutete die Großstadt für ihn Freiheit. Das Crazy Horst eröffnete er zuerst in der Otzenstraße auf St. Pauli. Doch der Name der Straße missfiel ihm, und so zog Horst Schleich mit der Kneipe in den gerade einmal 40 Quadratmeter großen Laden in der Hein-Hoyer-Straße. Auf dem Hamburger Mietmarkt wehte zu dieser Zeit definitiv noch ein anderer Wind. Horst Schleich eröffnete auch den Musikclub Molotow, wo er die erste SM-Party Deutschlands veranstaltete – ohne sich bewusst zu sein, wofür Sadomaso genau steht.

Ein rein queeres oder schwules Lokal war der Laden nie und darf er auch nicht werden. Im Crazy Horst tummelt sich ein gemischtes Publikum; alle finden hier einen Platz. Horst Schleicher hatte bereits Stars, Politiker:innen, queere Menschen, Kiez-Legenden und eine Exhibitionistin zu Gast. Sogar Brad Pitt soll im Crazy Horst bereits am Tresen gesessen haben – ohne dass der Betreiber überhaupt wusste, wer er ist. Horst wird oft auch als der faire Mann vom Kiez bezeichnet. Denn im Crazy Horst sollen alle gleich sein und sich alle wohlfühlen. Kultig sind hier aber nicht nur die Gäst:innen, sondern auch das Piano und die Jukebox, die in der Bar ihren festen Platz haben.

Jahrelang stand Schleicher selbst fast jeden Tag hinter dem Tresen. Doch aus gesundheitlichen Gründen ist das nicht mehr möglich. Das Crazy Horst aufgeben möchte er trotzdem nicht. Geöffnet hat die Bar wirklich jeden Tag bis sechs Uhr. Wenn an einem Dienstag also sonst nirgends mehr etwas geht, kann man immer zum Crazy Horst.

Adresse Crazy Horst, Hein-Hoyer-Straße 62, 20359 Hamburg | ÖPNV U-Bahn-Station St. Pauli, Linie U3; Bushaltestelle Hein-Hoyer-Straße, Linie 601, 607, 608, 609, 610, 641, 688 | Öffnungszeiten täglich 21–6 Uhr | Tipp Einen Stopp beim indischen Restaurant ASHOKA (Budapester Straße 25) einplanen.

16 Der besondere Stadtplatz

Von Pferden zu Polizeiwillkür

Der Platz in der Hamburger Innenstadt galt im Mittelalter als einer der wichtigsten Märkte Hamburgs. Damals kannte man ihn noch als Pferdemarkt; als solcher war der Standort ein wichtiger Platz für den Viehhandel. Seit 1946 ist der ehemalige Markt nach dem Dramatiker Gerhart Hauptmann benannt und kommt mittlerweile eher unscheinbar daher. Das Einzige, was auch heute noch an den Tierhandel erinnert, ist eine Pferdestatue aus Stein, die an der Spitze des Thaliahofes angebracht wurde.

Der Platz ist aber nicht nur für die Pferde bekannt, die hier früher verkauft wurden, sondern auch für eine besonders absurde und homofeindliche Polizeitaktik. Die öffentliche Toilette des Platzes rückte hier ins Visier der Exekutive. Während dort am Jungfernstieg ein geheimer Spiegel angebracht wurde, fand die Polizeiwache der Innenstadt eine andere Lösung. Damit sich schwule Männer nicht mehr in der öffentlichen Toilette trafen, stellte die Hamburger Sittenpolizei den Männern sogenannte Toilettenverbotsscheine aus. Diese Scheine dienten als Platzverbote, die die Homosexuellen davon abhalten sollten, sich wieder dort aufzuhalten. Wer gegen das Verbot verstieß und erwischt wurde, musste mit einer Geldstrafe von bis zu 400 Mark rechnen.

In Deutschland wurden laut der Antidiskriminierungsstelle des Bundes bis 1969 etwa 50.000 Männer aufgrund von gleichgeschlechtlichen Handlungen verurteilt. Die Bundesregierung entschied sich erst im Jahr 2017 dazu, Männer, die aufgrund von einvernehmlichen Sex mit anderen Männern verurteilt wurden, pauschal zu rehabilitieren und zu entschädigen. Nach der Prüfung des Antrags stehen den verurteilten Männern 3.000 Euro pro Urteil zu und 1.500 Euro pro angefangenem Jahr eines Freiheitsentzugs. Im Jahr 2017 lebten schätzungsweise noch 5.000 Männer in Deutschland, die nach dem Paragraphen 175 verurteilt wurden.

Adresse Gerhart-Hauptmann-Platz, 20095 Hamburg | ÖPNV S-Bahnhof Jungfernstieg, Linie S 1, S 3; Bushaltestelle Gerhard-Hauptmann-Platz, Linie 5 | Tipp Einen Burger bei Shiso Burger (Bugenhagenstraße 23) essen.

17 Das Bezirksamt Altona

Hectors Reise

Das Bezirksamt Altona hat seinen Sitz im beeindruckenden alten Altonaer Rathaus. Das Schmuckstück, das im Zweiten Weltkrieg teilweise zerstört und danach wiederaufgebaut wurde, ist von innen wie von außen eine Augenweide. Für manche Menschen in Hamburg zählt das neoklassizistische Bauwerk sogar zu den schönsten Gebäuden der Hansestadt. Das Bezirksamt ist allerdings nicht nur schön anzuschauen. Drinnen wird natürlich auch geheiratet. Seit 2017 ist das auch für gleichgeschlechtliche Paare möglich. Daneben finden an dem Platz der Republik 1 Ausstellungen und Filmvorführungen ein Zuhause.

Und natürlich tagt die Bezirksversammlung Altona im Bezirksamt. Die Versammlung ist seit 2019 ein Stückchen diverser geworden. Denn mit dem Grünen-Politiker Adrian Hector ist zum ersten Mal eine transgeschlechtliche Person Abgeordneter der Bezirksversammlung geworden. Bei den Grünen setzt sich der Politiker auch als Sprecher der Landesarbeitsgemeinschaft QueerGrün und stellvertretender Sprecher der Bundesarbeitsgemeinschaft Schwulenpolitik gegen Ausgrenzung ein. Die Schwerpunkte des promovierten Physikers sind Gleichstellungspolitik und Sport. Sport sei ein wichtiger Baustein für ein gesundes Leben, so Hector. »Jeder Mensch sollte die Möglichkeit haben, ohne Angst vor Gewalt und Diskriminierung Sport zu treiben, sei es nun Freizeit-, Breiten- oder Leistungssport.«

Der Hamburger begann seine politische Laufbahn mit dem Vorsatz, Diskriminierungen für queere Menschen abzubauen. »Während meiner eigenen Transition habe ich erfahren, wie es ist, von staatlicher Diskriminierung betroffen zu sein«, sagt der Politiker. Da es bisher in den meisten politischen Ämtern deutschlandweit noch keinen Mann gab, der offen zu seiner Transgeschlechtlichkeit stand, wird Adrian Hector in Vielem der Erste sein – und damit hoffentlich den Weg für andere ebnen.

Adresse Bezirksamt Altona, Platz der Republik 1, 22765 Hamburg | **ÖPNV** S-Bahn-Haltestelle Königstraße, Linie S 1, S 2, S 3; Bushaltestelle Rathaus Altona, Linie 1, 15, 250, 601 | **Öffnungszeiten** Informationen unter www.hamburg.de/altona | **Tipp** Um den Platz der Republik mit seinem prächtigen Brunnen spazieren.

18 Die Binderstraße 13

Beim Gehen gedenken

In Rotherbaum gedenkt ein Stolperstein dem 1894 geborenen Hamburger Hans Meyer. Über Meyers Leben ist nicht viel bekannt: Er war ein schwuler Mann, der unter anderem für die Altonaer Nachrichten und als Betreuer des politischen Ressorts bei Axel Springer arbeitete. Der promovierte Rechtswissenschaftler ist heute vor allem deshalb bekannt, weil der Zeitungsverleger Axel Cäsar Springer ihm zur Flucht verhelfen wollte. Richtig, es geht um den Gründer der Axel Springer SE, der ein Medienimperium aufbaute, das die Medienlandschaft Deutschlands nachhaltig prägte. Die von ihm konzipierte BILD-Zeitung erscheint noch immer täglich und polarisiert die Gemüter bis heute.

Es ist bekannt, dass Springer seinem langjährigen Mitarbeiter Meyer die Schlüssel für seine Wohnung überließ, als Springer selbst nicht in Hamburg war. Meyer brachte zu dieser Zeit einen Mann in die Wohnung, den er verführen wollte. Statt darauf einzugehen, zeigte der Mann Meyer anschließend an. Bei den polizeilichen Ermittlungen kam heraus, dass es sich um Springers Wohnung handelte, weshalb dieser am 7. März 1939 von der Geheimen Staatspolizei verhört wurde. Dabei belastete er seinen Freund Meyer nicht. Stattdessen soll er nach dem Verhör Geld und in der Familie zusammengesuchte wertvolle Fotoapparate an Meyer übergeben haben, damit dieser flüchten konnte. Das schreibt Springer zumindest in seinen Memoiren »An meine Kinder und Kindeskinder«.

Das weitere Schicksal Meyers verlief dramatisch. Seine Flucht misslingt, er schaffte es lediglich bis zur Rheinbrücke bei Straßburg. Da er sich mehrmaliger Vergehen gegen den Paragraphen 175 »schuldig« gemacht hatte, kam er in ein Gefängnis in Mannheim. Anschließend wurde er in das Strafgefängnis Fuhlsbüttel gebracht und danach in das Konzentrationslager Sachsenhausen eingeliefert. Dort starb er am 14. Oktober 1940.

Adresse Binderstraße 13, 20146 Hamburg | ÖPNV Bushaltestelle Museum am Rothenbaum, Linie 114; U-Bahnhof Hallerstraße, Linie U1 | Tipp Die Geschichte von Meyer wurde beim szenischen Rundgang »Verbotene Wege der Liebe« der Landeszentrale für politische Bildung aufgegriffen. Die Geschichten des Rundgangs sind noch immer online unter www.hamburg.de/szenische-rundgaenge-hamburg abrufbar.

19 Die Binnenalster

Hamburger Dykes, vereinigt euch!

Wer nach Hamburg reist, will zur Binnenalster. Kein Wunder, trägt das Prachtstück am Jungfernstieg doch zum maritimen Flair der Hansestadt bei. Ihr wohl charakteristischstes Merkmal ist die Alsterfontäne. Zwischen 9 und 24 Uhr befördern die darunterliegenden Pumpen eine bis zu 40 Meter hohe Wassersäule gen Himmel und nutzen dafür rund 180.000 Liter pro Stunde. Die fleißige Alsterfontäne gilt als Wahrzeichen der Hamburger Innenstadt. Im Winter bleibt sie zwar leider aus. Dafür kann auf der Binnenalster, wenn es denn kalt genug wird, Schlittschuh gefahren werden. Im Frühling und Sommer lädt der Alsterpavillon – hinter dem sich übrigens auch eine queere Geschichte verbirgt – Besucher:innen wie Einwohner:innen zu einem kalten Getränk ein (siehe Seite 16).

Hamburger:innen werden es wissen: Auch wenn es auf den ersten Blick so scheint, ist die Binnenalster streng genommen kein See. Vielmehr bildet sie das Endstück eines 56 Kilometer langen Nebenflusses der Elbe. An der Binnenalster hat man einen wunderschönen Blick auf das umliegende Gebäude-Panorama. Ob die Besucher:innen des Dyke* Marches dieses wohl im Blick hatten, als sie hier vorbeispaziert sind – who knows. Bei der Demo vom Lesbennetzwerk Hamburg geht es aber auch nicht darum, die Schönheit der Hansestadt zu entdecken. Der Dyke* March hat es sich zum Ziel gesetzt, die Sichtbarkeit lesbischer und bisexueller Frauen zu erhöhen. Das geht an einem beliebten Fixpunkt wie der Binnenalster natürlich besonders gut.

Wie beim Christopher Street Day ist beim Dyke* March natürlich nicht nur die LGBTIQ-Community herzlich eingeladen. Die Veranstalter:innen rufen »alle Freundinnen und Allies* aller Orientierungen, Haarlängen, Altersgruppen, Nationalitäten und Befindlichkeiten«, dazu auf, sich ihrem Demonstrationsmarsch durch Hamburg anzuschließen und für mehr Sichtbarkeit zu sorgen.

Adresse Binnenalster, 20354 Hamburg | **ÖPNV** S- und U-Bahn-Station Jungfernstieg. Linie S1, S2, S3, S21, U1 | **Tipp** Im Sommer lohnt es sich, ein Tretboot bei einem Bootsverleih an der Alster auszuleihen und dabei ein Bier zu genießen.

20 Das B-Movie

Ein Kino-Juwel

Die horrenden Mieten in Hamburg machen gerade kleinen Unternehmen das Leben schwer. Und dennoch findet man sie noch, die kleinen, sympathischen Läden, die der Stadt ihren Charme verleihen. Ein solcher Ort ist das B-Movie. Das unabhängig und ehrenamtlich organisierte Kino bietet den Besuchenden ein Programm, das in dieser Form in wohl keinem anderen Hamburger Kino zu finden ist. Auf St. Pauli, in der Brigittenstraße gelegen, zeigt der Verein, der hinter dem Kino steckt, alles, was Kino zu bieten hat – von Blockbustern über Experimental- zu Trashfilmen. Die Filme laufen im kleinen Saal mit 56 gemütlichen Sitzplätzen meist im Original – wie es sich eben für ein kleines, alternatives Kino gehört.

Das B-Movie hat besondere Highlights für die LGBTIQ-Community im Programm. Es gehört seit 2001 zu den Spielstätten des Hamburg International Queer Festivals und zeigt zudem jeden ersten Samstag im Monat mit der »Q Movie Bar« einen schwulen, lesbischen, trans oder polygendered Film. Willkommen sind dabei alle Menschen, die im hetero- und homonormativen Mainstream nicht auf ihre Kosten kommen. Inklusiv ist auch der Eintrittspreis des B-Movies: gerade mal 3,50 Euro kostet ein Kinoticket. Das niedrige Entgelt soll es vielen Menschen aus Hamburg ermöglichen, am kulturellen Leben teilzunehmen. Das unabhängige Kino finanziert sich weder über Tickets noch durch Werbung, sondern stellt sein Programm mit Kooperationspartner:innen auf die Beine.

Häufig verwendet man den Begriff B-Movie übrigens, wenn über billig produzierte Horror- oder Splatterfilme gesprochen wird, die keinen hohen künstlerischen Anspruch haben. Viele solcher sogenannten B-Movies, wie »Sharknado« oder »Piranha«, haben unter der internationalen Fangemeinschaft Kult-Status. Die Special Effects dieser Streifen sind oftmals so schlecht, dass sie auf das Publikum lustig wirken.

Adresse B-Movie, Brigittenstraße 5, 20359 Hamburg | **ÖPNV** S-Bahn-Haltestelle St. Pauli, Linie S 1, S 3; U-Bahn-Haltestelle Feldstraße, Linie U 3 | **Öffnungszeiten** Programm auf www.b-movie.de | **Tipp** Nach der Vorstellung im Kino auf einen Drink bleiben. Im Anschluss an den Film findet immer ein Get-together im Barbereich statt.

21 Das Café Gnosa

Ein bisschen alter Glanz

Das Café Gnosa ist, man kann es wirklich nicht anders sagen, eine queere Institution in Hamburg – und deshalb auch schon lange kein Geheimtipp mehr. Hier verkehren die Touris mit den Einheimischen, die Queers mit den Heteros, die Jungen mit den Alten. Die Zeit in dem traditionellen Kaffeehaus scheint in den 1950er Jahren stehen geblieben zu sein. Wer durch die Eingangstür kommt, wird von schweren roten Vorhängen begrüßt. Daneben dominiert im Gnosa das dunkelbraune Holz, aus dem die Massivholztische, die Wände und die Theke gefertigt sind. Abgerundet wird der Nachkriegslook von den rot überzogenen Sitzbänken und den Vintage-Hängelampen an der Decke. Nur die große Regenbogenfahne am Eingang, die wirklich nicht zu übersehen ist, bricht mit der 50er-Jahre-Optik.

Langschläfer:innen und verkaterte Gäst:innen können sich im Gnosa auf ein late Breakfast freuen, denn gefrühstückt wird hier bis 16 Uhr. Wer Lust auf Avocado-Toast mit pochiertem Ei oder eine Açai-Bowl hat, ist hier aber definitiv an der falschen Adresse. Im Gnosa gibt es keinen New-York-Cheesecake und auch keinen Matcha-Kuchen, sondern Apfel-Streusel-, Eierlikör-Sahne und Kirsch-Nuss-Kuchen. Dadurch fühlt man sich hier nicht wie im Herzen einer Großstadt, sondern eher wie zu Besuch bei Tante Margret.

Das Personal im Gnosa kann auch mal etwas ruppig sein, was sicherlich nicht jedermenschs Sache ist. Doch gerade dadurch kommt im Gnosa ein bisschen Kaffeehaus-Feeling auf. Statt Wiener Schmäh wird den Gäst:innen hier allerdings feinstes Hamburgisch serviert. Das Konzept scheint auf jeden Fall gut anzukommen, denn das Café, in dem die Musik leise spielt und man den Gesprächen des Nebentischs lauschen kann, gibt es bereits seit über 80 Jahren. Das Gnosa hat den Wandel des Stadtteils St. Georg zum hippen Szenebezirk in all den Jahren überlebt und ist sich dabei stets treu geblieben.

Adresse Café Gnosa, Lange Reihe 93, 20099 Hamburg | ÖPNV Bushaltestelle Gurlittstraße, Linie 6, 17, 18, 607; U-Bahn-Haltestelle Lohmühlenstraße, Linie U1 | Öffnungszeiten Mo–Do und So 10–23 Uhr, Fr 10–1 Uhr, Sa 10–24 Uhr | Tipp Sich in einem Kiosk eine Tüte Süßes auf der Langen Reihe zusammenstellen. In Hamburg ist das noch üblich.

22 Das Café Uhrlaub

Die ticken nicht mehr richtig

Das Café Uhrlaub ist ein Lokal vom alten Schlag. Für Instagram-Schnappschüsse eignet sich das Frühstück des Lokals nicht, denn hier gibt es statt Frühstücksbowls einfach Brötchen mit Rührei und O-Saft. Warme Getränke wie Matcha Latte oder Kaffees werden aber, trotz Traditionsbewusstsein, mit veganen Milchalternativen angeboten. Zu Mittag gibt es einfache Hausmannskost wie etwa hausgemachte Kohlrouladen in leckerer Bratensauce. Das Uhrlaub ist also wie ein Café auf dem Land – nur dass es sich eben mitten in St. Georg in der Langen Reihe befindet. Der Fake-Efeu an den Wänden, die unzähligen Uhren und die trashige Musik machen den Charme des kleinen Lokals genauso aus wie die französische Bulldogge Pablo, die zum Personal des Lokals dazugehört und sich von den Gäst:innen gern mal streicheln lässt.

Im Uhrlaub fühlt sich alles noch genau wie in den 1990er Jahren an – die Zeit scheint hier einfach noch ein bisschen anders zu ticken. Oder eben gar nicht. Die vielen Kaminuhren, die hier stehen und hängen, haben den Besuchenden wahrscheinlich noch nie die Zeit angezeigt. Stattdessen vergrößerte sich die Anzahl der Uhren stetig, weil viele Kund:innen ihre alten Uhren dem Lokal schenken. Der Unique Selling Point des Lokals wurde also dank aufmerksamen Gäst:innen zum Selbstläufer.

Das Publikum im Café ist zwar durchmischt, aber es kommen doch besonders viele schwule Männer her. Ob zum Frühstück, auf ein Stück Kuchen, einen Kaffee, Mittagessen, Bier oder Longdrink – das Uhrlaub ist zu jeder Tageszeit einen Besuch wert. Im Sommer können es sich die Gäst:innen im Garten gemütlich machen oder an den Tischen in der Langen Reihe vor dem Lokal. Nebenan betreiben die Besitzer:innen auch eine kleine Pension, deren Zimmer sich gleich über dem Café mit Blick auf die Lange Reihe und den bunten Trubel befinden.

Adresse Café Uhrlaub, Lange Reihe 63, 20099 Hamburg | ÖPNV Bushaltestelle Gurlittstraße, Linie 6, 17, 18, 607; U-Bahn-Haltestelle Lohmühlenstraße, Linie U1 | Öffnungszeiten täglich 8–23 Uhr | Tipp Sich leckere syrische Süßigkeiten bei Hamada (Brennerstraße 75) besorgen.

23 Die Contact Bar

Das verlorene schwule Wohnzimmer

Auch heute noch sieht sich queeres Leben vielen Gefahren ausgesetzt. Eine der größten ist derzeit die Verdrängung. Weil Mieten steigen und die Großstadt ein wunderbarer Ort für Profitgier ist, müssen auch Lokale für die LGBTIQ-Community immer öfter weichen. Eines der aktuellsten Opfer ist die Contact Bar in der Danziger Straße in St. Georg. Im Juni 2022 musste die Bar ihre Türen schließen. Ohne Vorwarnung hat die Vermieterin dem Betreiber Micco Dotzauer nach elf Jahren gekündigt.

Die gemütliche kleine Gay-Bar in St. Georg, die 2011 eröffnet hatte, war voller Kitsch, Teppiche und mit kleinen Verzierungen dekoriert. Neben Sex im Darkroom bot die Bar auch eine Handvoll Veranstaltungen in unregelmäßigen Abständen an. Neben Kneipenquiz, Bingo- und Grillabenden fanden hier Karaoke-Partys, kleine Konzerte und Public Viewing des Eurovision Songcontests statt. Doch das war einmal: Den Gästen wurde ihr schwules Wohnzimmer genommen, dem Betreiber seine hart erarbeitete Existenz.

Neben dem Tagesgeschäft engagierte sich das Team hinter der Bar auch politisch und unterstützte verschiedene queere Vereine in Hamburg. Besitzer Micco Dotzauer ist ohnehin ein politischer Typ. Er wuchs in der DDR auf und kämpfte in der ersten Hälfte seines Lebens in Leipzig für Schwulenrechte. Zwar war der Paragraph 175 im sozialistischen Staat faktisch gestrichen, gesellschaftlich gab es aber noch immer viele Vorurteile. Wegen Miccos politischem Engagement wurde er von der Stasi, dem Geheimdienst der DDR, überwacht – das fand er aber erst später heraus. 1988, ein Jahr vor dem Mauerfall, kehrte er nach einem Urlaub in Westdeutschland nicht mehr zurück in den Osten.

Ein Kämpfertyp wie Micco Dotzauer wird sich also sicherlich auch von dieser Schließung nicht unterkriegen lassen. Dennoch ist sie ein bleibender Verlust für die Community.

Adresse Contact Bar, Danziger Straße 51, 20099 Hamburg | ÖPNV Bushaltestelle Gurlittstraße, Linie 6, 17, 18, 607; U-Bahn-Haltestelle Hauptbahnhof Nord, Linie U 2, U 4 | Tipp Bei der Fetisch-Bar S.L.U.T. Club (Rostocker Straße 20) vorbeischauen.

24 Die DENKtRÄUME

The Future is diverse

Mit der Geschichtsschreibung ist das ja so ne Sache: Sie mag auf den ersten Blick objektiv erscheinen, da sie sich, im besten Fall, auf Fakten stützt. Doch das, was in unseren Geschichtsbüchern festgehalten wird, ist bei näherer Betrachtung alles andere als objektiv. In einer Welt, die von weißen Männern für weiße Männer geschaffen wurde, ist es nicht verwunderlich, dass es vor allem weiße Männer sind, an die sich noch Jahrhunderte später erinnert wird. Die Geschichte von Frauen, queeren Menschen und People of Color gerät dabei zu oft in Vergessenheit. Doch gerade in jüngster Zeit wollen sich marginalisierte Gruppen genau das nicht mehr gefallen lassen und der Gesellschaft zeigen, dass es auch andere Stories gibt, als jene, die von der Mehrheitsgesellschaft geschrieben wurden.

Das Frauenbildungszentrum DENKtRÄUME archiviert und dokumentiert bereits seit 1983 Informationen zu Frauen und Geschlechterfragen. Dabei kann das Zentrum mit verschiedenen Medien aufwarten. Die thematischen Schwerpunkte umfassen unter anderem feministische Theorie, Frauen weltweit und Migration sowie Lesben. Doch die DENKtRÄUME bieten nicht nur einen Schatz an Wissen zum Stöbern und Weiterbilden an, sondern auch verschiedene Veranstaltungen, darunter Lesungen, Vorträge und Diskussionsrunden.

Entstanden sind die DENKtRÄUME aus dem Wunsch heraus, Frauen und ihre Leistungen sichtbarer zu machen. Zwar musste das Bildungszentrum immer wieder gegen Widerstände ankämpfen. Am einschneidendsten war dabei wohl die Politik des sogenannten Bürgerblocks ab 2001, der Gelder für Gleichstellungsprojekte rigoros gekürzt hat. 2004 wurden die öffentlichen Gelder für die DENKtRÄUME dann sogar komplett gestrichen. Doch das Bildungszentrum schaffte es, sich bis heute zu halten, und trägt mit seinem vielfältigen Bestand an Medien zur Erhaltung und Verbreitung der Frauengeschichte bei.

Adresse DENKtRÄUME, Grindelallee 43, 20146 Hamburg | **ÖPNV** Bushaltestelle Grindelhof, Linie 4, 5, 604 | **Öffnungszeiten** Mi 14–18 Uhr, Sa 12–16 Uhr | **Tipp** Beim Filmgarten Hamburg (Grindelallee 37) vorbeischauen, sich durch die CDs und Schallplatten wühlen und mit dem musikbegeisterten Besitzer austauschen.

25 Die Dragon Sauna

Ein heißer Tipp

Die Dragon Sauna ist die wohl beliebteste Schwulensauna in Hamburg. Dabei wirkt sie von außen erst mal alles andere als einladend, fast schon ein bisschen schmuddelig. Das Schild mit der Aufschrift »Dragon Sauna« am Eingang ist in die Jahre gekommen, das Etablissement im Erdgeschoss eines Backsteinwohnhauses untergebracht. Das hat laut Geschäftsführer Habib Sidi allerdings den Vorteil, dass die Sauna einem nicht sofort ins Auge springt. Praktisch für all jene, die Hemmungen haben, einen solchen Ort zu betreten. Darauf, dass sich hinter der Tür eine Schwulensauna verbirgt, deutet erst einmal nichts hin.

Doch wer den Eintritt gezahlt hat und sich samt Handtuch auf Erkundungstour begibt, versteht schnell, warum sich die Dragon Sauna solch großer Beliebtheit erfreut. Zum einen wäre da die Größe: Auf 1.800 Quadratmetern kann sich vergnügt, entspannt, getrunken, gegessen und natürlich sauniert werden.

Die Räumlichkeiten sind mit viel Liebe zum Detail eingerichtet worden. Von den Duschen, über den Whirlpool bis zu den Saunen wurde hier auf ein stimmiges Gesamtkonzept geachtet. Zudem geben sich die Betreiber größte Mühe, alles sauber zu halten. Im Gegensatz zu manch anderer Schwulensauna kommt hier dadurch tatsächlich Wellness-Feeling auf – auch wenn viele der Gäste natürlich nicht nur herkommen, um sich zu entspannen.

Im Kellergeschoss warten zahlreiche Kabinen und ein großer Darkroom auf die Besucher. Hier können sie sich, wenn gewollt, ungestört vergnügen. Wer sich öfter mal zurückziehen möchte, egal ob allein oder in Begleitung, kann gegen Aufpreis eine Kabine mieten. Die Dragon Sauna sticht jedoch nicht nur durch ihr Einrichtungskonzept hervor. Donnerstags verwandelt sie sich von einer reinen Schwulensauna zu einer gemischten Sauna. An diesem Tag sind alle willkommen; sexuelle Orientierung und Geschlecht spielen keine Rolle.

Adresse Dragon Sauna, Pulverteich 37, 20099 Hamburg | ÖPNV U-Bahn-Haltestelle Hauptbahnhof Süd, Linie U 1, U 3; Bushaltestelle Böckmannstraße, Linie 16, 608 | Öffnungszeiten Mo–Do 13–23 Uhr, Fr–So 13–6 Uhr | Tipp Auf der anderen Seite des Hauptbahnhofs eine köstliche Ramen-Suppe im The Ramen (Rosenstraße 5) genießen.

26 Die Dreieinigkeitskirche

Eine von uns

Im Hamburger Stadtteil Sankt Georg steht die evangelische Heilige-Dreieinigkeitskirche. Das Gotteshaus, das während des Zweiten Weltkrieges fast vollständig zerstört wurde, fällt auch heute noch durch seinen hohen Turm auf. Unweit liegen der Hansaplatz, der Mariendom und das Ufer der Alster. Da die Kirche im Schwulenviertel in der Nähe der Langen Reihe liegt, wird sie auch häufig Sankt-Georgs-Kirche genannt.

2010 fand hier die Trauerfeier des verstorbenen Bernhard Rosenkranz statt, der wichtige Arbeit für die queere Community Hamburgs leistete. Rosenkranz wurde im November 1959 in Hamburg geboren und begann nach einer Erkrankung, die schwule und lesbische Geschichte seiner Heimatstadt zu recherchieren – denn diese war bis dahin nur dürftig dokumentiert. Obwohl sich Rosenkranz' Gesundheitszustand immer weiter verschlechterte, arbeitete er weiter daran, die Verfolgungsgeschichte queerer Menschen in Hamburg nachzuzeichnen. Er initiierte ein Projekt, in dessen Rahmen 300 Stolpersteine in Gedenken an homosexuelle Opfer des NS-Regimes in ganz Hamburg verlegt wurden und bis heute zum Nachdenken und Erinnern anregen. Im Jahr 2005 veröffentlichte er gemeinsam mit Gottfried Lorenz das Buch »Hamburg auf anderen Wegen«, das sich mit der Geschichte homosexueller Männer in der Hansestadt seit der Weimarer Republik beschäftigt.

Obwohl Rosenkranz die Kirche zu Lebzeiten aufgrund ihres Umgangs mit Sexualität immer kritisch betrachtete, änderte er seine Ansichten aufgrund der Seelsorge für Aidskranke in Sankt Georgs Kirchengemeinde. Dieses Engagement führte auch dazu, dass die Bischöfin der Kirche, Maria Jepsen, die Schirmherrschaft des queeren Stolperstein-Projekts übernahm. Nach dem Tod von Rosenkranz war es auch Jepsen, die die Trauerfeier des Verstorbenen in der Heiligen-Dreieinigkeitskirche in Sankt Georg leitete.

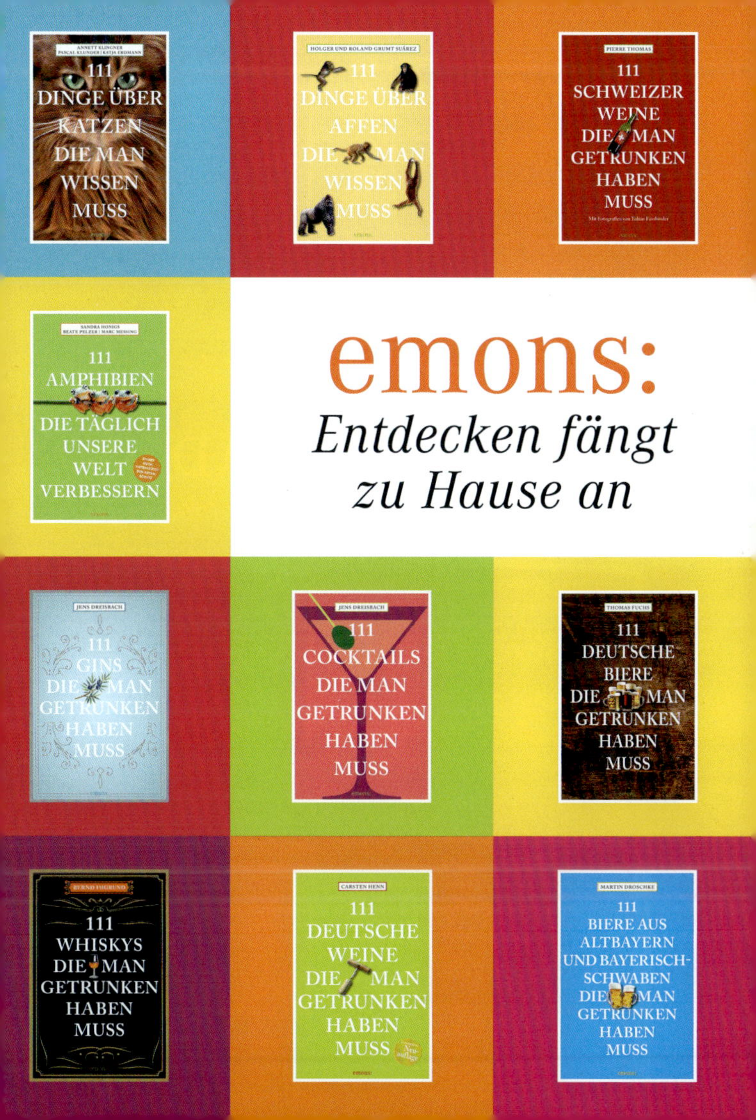
ANNETT KLINGNER
PASCAL KLUNDER | KATJA ERDMANN
111 DINGE ÜBER KATZEN DIE MAN WISSEN MUSS
HOLGER UND ROLAND GRUMT SUÁREZ
111 DINGE ÜBER AFFEN DIE MAN WISSEN MUSS
PIERRE THOMAS
111 SCHWEIZER WEINE DIE MAN GETRUNKEN HABEN MUSS
SANDRA HONIGS
BEATE PELZER | MARC MESSING
111 AMPHIBIEN DIE TÄGLICH UNSERE WELT VERBESSERN
emons:
Entdecken fängt zu Hause an
JENS DREISBACH
111 GINS DIE MAN GETRUNKEN HABEN MUSS
JENS DREISBACH
111 COCKTAILS DIE MAN GETRUNKEN HABEN MUSS
THOMAS FUCHS
111 DEUTSCHE BIERE DIE MAN GETRUNKEN HABEN MUSS
BERND FISGRUND
111 WHISKYS DIE MAN GETRUNKEN HABEN MUSS
CARSTEN HENN
111 DEUTSCHE WEINE DIE MAN GETRUNKEN HABEN MUSS
Neuauflage
MARTIN DROSCHKE
111 BIERE AUS ALTBAYERN UND BAYERISCH-SCHWABEN DIE MAN GETRUNKEN HABEN MUSS

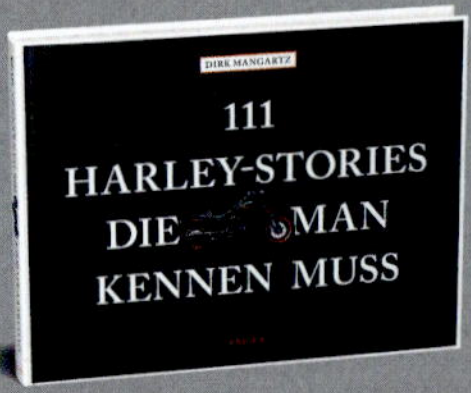

ISBN 978-3-7408-0939-3
€ D 25,00/€ A 25,70

ISBN 978-3-7408-0680-4
€ D 25,00/€ A 25,70

111 MAL ON THE ROAD

ISBN 978-3-95451-912-5
€ D 25,00/€ A 25,70

ISBN 978-3-7408-1442-7
€ D 30,00/€ A 30,90

ISBN 978-3-95451-912-5
€ D 25,00/€ A 25,70

ISBN 978-3-7408-0938-6
€ D 25,00/€ A 25,70

Adresse St. Georgs Kirchhof 19, 20099 Hamburg | ÖPNV U-Bahnhof Hauptbahnhof, Linie U 2, U 4; Bushaltestelle Gurlittstraße, Linien 6, 17, 607 | Öffnungszeiten Gottesdienste und aktuelle Veranstaltungen unter www.stgeorg-borgfelde.de | Tipp Eine Pizza im Casa Romana in der Langen Reihe 12A essen.

27 Die Elbphilharmonie

Im Zeichen des Regenbogens

Was den Berliner:innen ihr Flughafen, ist den Hamburger:innen ihre Elbphilharmonie. Denn eine gefühlte Ewigkeit machte das schmucke Gebäude an der HafenCity bundesweite Schlagzeilen – allerdings keine positiven. Denn statt der ursprünglichen 77 Millionen Euro koste die Elphi insgesamt sage und schreibe 866 Millionen Euro – also über elfmal so viel, als ursprünglich geplant. Und wenn wir schon bei der Zahl elf sind: Das Konzerthaus hätte eigentlich bereits 2011 stehen sollen. Fertiggestellt wurde der Musiktempel aber schlussendlich erst sechs Jahre später.

Doch dieser Kosten- und Bau-Unsinn ist Hamburger Schneematsch von gestern. Denn trotz der katastrophalen Startbedingungen schaffte es das Konzerthaus, sich zum neuen Wahrzeichen Hamburgs zu mausern. Die Elbphilharmonie steht wie kein anderes Gebäude für das moderne und weltoffene Hamburg. Das liegt natürlich zum einen an der beeindruckenden Architektur des Gebäudes. Es ragt wie eine gläserne Welle in den, zugegebenermaßen meist grauen, Hamburger Himmel. Auf der Elbphilharmonie Plaza haben die Besucher:innen auf einer Höhe von 37 Metern einen Rundumblick auf die Stadt und den Hafen. Doch die Elphi bietet natürlich nicht nur was fürs Auge. Der Sound der Säle wird von Musiker:innen sowie Besucher:innen unisono als glasklar bezeichnet. Das stellt die Kontrabassist:innen, Violinist:innen und Co. allerdings auch vor Herausforderungen. Die klare Akustik macht es ihnen um einiges schwerer, ihre Fehler, sollten sie sich denn mal einschleichen, zu kaschieren.

Nun gut, aber wie queer ist die Elbphilharmonie eigentlich? Zumindest erstrahlte das Gebäude, pünktlich zum Christopher Street Day, bereits in Regenbogenfarben und soll laut Angaben des Sprechers alle Musiker:innen willkommen heißen. Da ist zwar definitiv noch Luft nach oben. Aber der queere Anfang ist damit immerhin gemacht.

Adresse Elbphilharmonie, Platz der Deutschen Einheit 4, 20457 Hamburg | **ÖPNV** U-Bahnhof Baumwall, Linie U 3; U-Bahnhof Überseequartier, Line U 4; Bushaltestelle Am Kaiserkai, Linie 111, 2 | **Öffnungszeiten** Programm unter www.elbphilarmonie.de | **Tipp** Von der Elphi aus zum NENI Hamburg (Osakaallee 12) spazieren und leckeres israelisches Essen genießen.

28 Das eldorado

It's just another manic Mongäy

Wenn das Wochenende richtig schön und unbeschwert war, kann sich der darauffolgende Montag umso beschissener anfühlen. Dabei ist es gerade der starke Kontrast zum entschleunigten Sonntag, der uns den Monday Blues beschert. Doch auch den ersten Tag der Woche kann man sich in Hamburg glücklicherweise versüßen: zum Beispiel mit einem kühlen und äußert günstigen Feierabendgetränk im eldorado. Seit 2015 veranstaltet die Kellerkneipe in der Wohlwillstraße 50 jeden Montag den Mongäy. Anders als es der Name vielleicht vermuten lässt, sind hier nicht nur Homos, sondern alle Queers und Freund:innen herzlich willkommen.

Das eldorado auf St. Pauli wirkt dabei wie ein gemütliches, sehr verrauchtes Wohnzimmer. Hier ist zwar alles ein bisschen alt und runtergerockt. Doch dafür nur im besten Sinne. Die Tapete kommt im Retro-Look der 1970er daher, die Decke ist niedrig, die Kinosessel und Sofas sind durchgesessen, der Boden wurde mit Teppich verlegt, und die Toiletten sind voller Graffiti und Sticker. Wer sich Letztere genauer anschaut, stellt schnell fest, dass das eldorado, auch eldo genannt, ein ziemlich linker Schuppen ist. Hier kleben allerdings nicht nur Antifa-Sticker. Auch die queere Community hat sich mit der Regenbogen- und der Transgender-Flagge verewigt.

Inklusiv sind auch die Preise. Ein Astra gibts schon für zwei Euro, einen Pfeffi für 1,20 Euro. Wer die Kippenschachtel zu Hause vergessen hat, muss vor einem Besuch im eldo nicht noch schnell zum nächsten Kiosk. Denn direkt an den Treppenstufen zum Eingang steht für alle Ketten- und Gelegenheitsraucher:innen ein Automat. All diese Faktoren machen das eldo zu einem sympathischen Laden, in dem man die Welt draußen schnell vergessen und den Montag hinter sich lassen kann. Wer Lust auf billige Drinks, Gemütlichkeit und freundliches Personal hat, sollte sich den entspannten Mongäy im eldorado also definitiv nicht entgehen lassen. Schaut vorbei!

Adresse eldorado, Wohlwillstraße 50, 20359 Hamburg | **ÖPNV** U-Bahnstation Feldstraße. Linie U 3; Bus-Station Paulinenstraße, Linie 17; S-Bahnstation Landungsbrücken, Linie S 1, S 2, S 3, S 21 | **Öffnungszeiten** Mongäy Mo 19–2 Uhr | **Tipp** Eine leckere Ramen-Suppe in der BAN CANTEEN (Beim Grünen Jäger 1) schlürfen.

29 Das EscapeDiem

I want to play a game

Unheilvolle Musik, eine Blutlache in der Mitte des Zimmers, kryptische Zahlen an der Wand: das ist die Welt des Serienmörders Jigsaw – und ihr befindet euch mittendrin. Lediglich eine Stunde haben seine Opfer Zeit, um sich aus seinen Fängen zu befreien. Euren Überlebenswillen könnt ihr unter Beweis stellen, indem ihr seine Rätsel löst. Schafft ihr es nicht rechtzeitig, füllt sich der Raum mit Giftgas – beziehungsweise Wasserdampf. Denn ihr befindet euch natürlich nicht wirklich in Lebensgefahr, sondern in einem der Räume des EscapieDiems.

Das EscapeDiem ist ein Escape Room. Hier werden die Spielenden in einen Raum eingesperrt und müssen innerhalb einer bestimmten Zeit Rätsel lösen. Ein:e Spielmeister:in beobachtet das Geschehen auf einem Computerbildschirm und gibt Tipps, falls die Spielenden allein nicht weiterkommen. Erschaffen hat die Spielwelt Ellen Grell, die mit ihrer Partnerin und einem gemeinsamen Kind in Hamburg lebt. Weil man als Schauspielerin immer entweder zu viele Jobs auf einmal oder gar keine habe, so Ellen, fand sie darin ein spannendes Nebenprojekt. In der Nähe des Hansaplatzes schuf sie über die Jahre ohne ein vorgefertigtes Konzept, aber dafür mit viel Liebe zum Detail mehrere Escape-Räume. Viele der Utensilien, die die Räume so realistisch erscheinen lassen, fand die Schauspielerin unter anderem kostenlos auf Online-Kleinanzeigen-Portalen. Und wenn ihr Tischler mal keine Zeit hatte, griff sie selbst zu Säge, Hammer und Nägeln. Seither können sich Spielende aus einer geheimen Kapelle unter dem Hamburger Michel, aus dem Büro eines Hamburger Hafenkapitäns oder aus der Welt von Jigsaw aus dem Film SAW herausrätseln. Irgendwann könnte es auch einen Escape Room geben, in dem man sein Coming-Out haben muss. Die Idee hat Ellen zumindest. Die von ihr geschaffenen Räume wirken jedenfalls so realistisch, dass man fast vergessen könnte, dass es sich nur um ein Spiel handelt.

Adresse EscapeDiem, Ellmenreichstraße 28, 20099 Hamburg | ÖPNV U-Bahn-Haltestelle Hauptbahnhof Nord, Linie U 2, U 4; Bushaltestelle HBF / Kirchenallee, Linie 6, 17, 18, 607 | Öffnungszeiten Termine nach Vereinbarung unter www.escapediem.de | Tipp Lust auf Kino? Gleich um die Ecke befindet sich seit 1957 das wunderschöne SAVOY Filmtheater (Steindamm 54).

30 Der Friedhof Ohlsdorf

Die letzte Ruhestätte

Der Ohlsdorfer Friedhof in Hamburg wurde am 1. Juli 1977 eröffnet und gilt als der größte Parkfriedhof – und zwar nicht nur Deutschlands, sondern weltweit. Die letzte Ruhestätte in Hamburg ist wirklich riesig: Mit seinen 389 Hektar ist er sogar größer als der Central Park in New York und damit Hamburgs größte Grünanlage. Aufgrund seiner Größe, der beeindruckenden Gartenarchitektur und seinen 800 Skulpturen, eignet er sich ideal für einen langen sonntäglichen Spaziergang.

Aber mal ein bisschen zum Hintergrund: In Ohlsdorf haben muslimische Bestattungen eine lange Tradition, der Friedhof steht allen Nationen und Religionen offen. Die Anlagen können von den Hinterbliebenen – oder von den Eigentümer:innen vor ihrem Ableben – ganz individuell gestaltet werden. Es ist hier sogar möglich, sich mit seinem Hund gemeinsam begraben zu lassen.

Der Verein Memento e.V. verwaltet Gemeinschaftsgrabstätten auf dem Hamburger Friedhof. Er wurde 1995 gegründet und hatte zum Ziel, eine Gemeinschaftsgrabstätte für Menschen anzubieten, die zu Lebzeiten in irgendeiner Weise von HIV und Aids betroffen waren. Damals war die Situation noch eine andere als heute, da es noch keine passenden Medikamente gegen das Virus gab. Für eine lange Zeit kam eine Diagnose deshalb meist einem Todesurteil gleich und traf häufig schwule Männer. Deren Familien wollten aufgrund der sexuellen Orientierung häufig keinen Kontakt mehr zu ihnen. Auf dem Ohlsdorfer Friedhof fanden viele dieser Männer eine letzte Ruhestätte zwischen Mitgliedern der Community, die sie akzeptieren würden. Der Verein wollte damit dafür sorgen, dass die Solidarität der queeren Communities auch über den Tod hinaus bestehen bleibt. Seit 2021 ist es für alle queeren Menschen und alle anderen, die sich mit den LGBTIQ-Communities verbunden fühlen, möglich, in den Grabstätten des Vereins auf dem Friedhof Hamburg-Ohlsdorf beerdigt zu werden.

Adresse Friedhof Hamburg-Ohlsdorf, Fuhlsbüttler Straße 756, 22337 Hamburg | **ÖPNV** U- und S-Bahnhof Ohlsdorf, Linie U 1, S 1, S 11 | **Öffnungszeiten** April – Okt. 9 – 21 Uhr, Nov. – März 9 – 18 Uhr | **Tipp** Sich online unter www.friedhof-hamburg.de/die-friedhoefe/ohlsdorf/ über den Friedhof und dessen Geschichte erkundigen oder in den Podcast zum Friedhof reinhören und währenddessen durch den Rosengarten spazieren.

31 Der Fuck Yeah Sexshop

Sexspielzeuge für alle

In der Caffamacherreihe 43, im alternativen Hamburger Gängeviertel, befindet sich der feministische Fuck Yeah Sexshop. In dem liebevoll eingerichteten Laden gibt es auf über 50 Quadratmetern Vibratoren in Chili-, Karotten- und Maiskolbenform, Strapons, Gleitgel, Peitschen und Ledergeschirr. Die Kund:innen können hier allerdings auch feministische Postkarten, Bücher und Art-Pieces kaufen. Dass die meisten Produkte unverpackt präsentiert werden, hat mehrere Gründe: Zum einen sind Verpackungen für Sexspielzeuge oftmals unästhetisch. Zum anderen werden darauf gern mal gängige Geschlechterstereotype reproduziert. Und die will das Kollektiv, das den Sexshop führt, so gut es geht vermeiden. Deswegen gibt es auch keinen Bereich nur für Männer oder Frauen. Alle Geschlechter sollen sich hier wohlfühlen, alle Geschlechter können hier stöbern und einkaufen.

Zudem verfügt der Laden über eine eigene Bücherecke mit überwiegend feministischer Literatur. Aber auch gender-inklusive Bücher für Kinder können hier gekauft werden. Pornos gibt es im Fuck Yeah Shop allerdings nicht. Denn sonst müssten alle unter 18-Jährigen draußen bleiben – und Queerness fängt eben nicht erst im Erwachsenenalter an. Das Sexshopkollektiv veranstaltet darüber hinaus Workshops rund um das Thema Sexualität. So waren beispielsweise bei der Veranstaltung mit dem Namen »Beckenboden & Sexualität« alle Menschen mit Vulva eingeladen, die ihren Beckenboden näher kennenlernen wollten. Die Besucher:innen konnten dabei der Frage nachgehen, wie der Umgang mit der Lust, Erregung und Orgasmen mit diesem Körperteil zusammenhängt. Die Fuck-Yeah-Crew, bestehend aus Zarah, Fränky und Rosa, trifft laut eigenen Angaben alle Entscheidungen gemeinsam. Auf der Website heißt es dazu: »Die Firma gehört denen, die hier arbeiten.« Die Betreiber:innen sehen diese Art des Unternehmer:innentums auch als ein politisches Statement.

Adresse Fuck Yeah Sexshop, Caffamacherreihe 43, 20355 Hamburg | **ÖPNV** U-Bahn-Station Gänsemarkt, Linie U 2; Bushaltestelle Dragonerstall, Linie 3, 602, 607, 688, X 35 | **Öffnungszeiten** Mo – Fr 14 – 19 Uhr, Sa 13 – 17 Uhr | **Tipp** Einen Kaffee oder leckeres Essen im danebenliegenden Restaurant Nasch bestellen (Caffamacherreihe 49).

32 Die Fucktory

Hamburgs Lederkerle

Palmen, große Messing- und Wasserbetten, lange Tische und Bänke und ein großes Kruzifix: So soll der große Raum des privaten Musikclubs Fucktory in Hamburg-Altona eingerichtet gewesen sein. Gegründet wurde der geheimnisvolle Club im Jahr 1970 von Alexander von Vegesack am Hohenzollernring. Doch die Fucktory war mehr als nur ein Club: In einer ehemaligen Getriebefabrik entstand vielmehr eine Kommune, in der die Bewohnenden auf Matratzen, die auf dem Boden lagen, schliefen. Gemeinsam mit anderen europäischen und amerikanischen Underground-Kunstgruppen veranstaltete Alexander von Vegesack provokante Theateraufführungen und schwarze Messen. Dafür wurde er deutschlandweit vom Feuilleton gefeiert. Die Hamburger Polizei und das Wirtschafts- und Ordnungsamt waren von der Kommune dagegen weniger begeistert und fanden immer wieder einen Anlass, um den Kunstclub vorübergehend zu schließen.

Die Geschichte der Hamburger Fucktory ist auch mit der Geschichte der queeren Communities verbunden. So fand im mysteriösen Musikclub das erste Ledertreffen Hamburgs statt, als der Paragraph 175 noch in Kraft war. Gerhard Pohl und seine Freunde ließen sich von Veranstaltungen aus Berlin und den USA inspirieren. Sie brachten Lederpartys und damit den Archetypus des schwulen Mannes in die Hansestadt. Vegesack überließ den Männern der schwulen Subkultur den Keller und das umliegende Grundstück; die privaten Fucktory-Partys fanden lediglich in einem Raum des dritten Obergeschosses statt. Das alte Fabrikgelände eignete sich bestens für Hamburgs erste Sexparty der Lederfetischisten. Zwar gab es im heruntergekommenen Teil der alten Fabrik keinen Stromanschluss und keine Toilette. Ein Kühlbecken für Bier und eine Pissrinne waren allerdings schnell provisorisch aufgestellt. Eine hohe Mauer schirmte das Gelände von der Außenwelt ab und verwandelte das Gelände in einen einzigen Darkroom.

Adresse die Fucktory befand sich beim Hohenzollernring 66, 22763 Hamburg, gleich bei der Kreuzkirche, heute befinden sich hier hauptsächlich Wohngebäude | ÖPNV Bushaltestelle Bleickenallee, Linie 1, 15, 250, 601 | Tipp Die Wohngegend rund um den Hohenzollernring erkunden.

33 Die Galerie Genscher

Raum für (queere) Kunst

Die Galerie Genscher im Karolinenviertel ist leicht zu übersehen, denn sie liegt versteckt in einem Hinterhof. Verpassen sollte man die Veranstaltungen in der kleinen Galerie deshalb aber nicht. Hier finden Ausstellungen der Bildenden Kunst, Konzerte, Filmvorstellungen, Lesungen und Performances statt. Das Programm wechselt meist im zweiwöchigen Rhythmus. Hinter der Galerie, die 2009 eröffnet wurde, steckt ein kleiner Verein. Er finanziert sich hauptsächlich durch Förderungen und kleinere Spenden und arbeitet mit vielen verschiedenen Künstler:innen und Kurator:innen zusammen.

Prinzipiell steht die Galerie allen kunstschaffenden Menschen offen. Deshalb gibt es die Möglichkeit, sich an den Verein zu wenden, falls man die eigene Kunst in Hamburg ausstellen möchte. »Dabei ist uns vor allem wichtig, dass die Leute genau das machen können, was sie wollen«, sagt Michael Herring, der Vereinsvorsitzende. Die einzige Voraussetzung ist ein professioneller künstlerischer Background. Queere Kunstschaffende sind dabei mehr als willkommen: »Queerness ist ein wichtiges Thema unserer Zeit, deshalb ist es wichtig, dass es auch in der Kunst Ausdruck findet.«

In den letzten Jahren gab es immer wieder queere Veranstaltungen in der Hamburger Galerie. Im Jahr 2018 setzte die Kuratorin Rosa Wind einen Schwerpunkt auf queeres Leben. Deshalb organisierte sie die fünfteilige Veranstaltungsreihe »Inter_Sections«, bei der zeitgenössische queerfeministische Kunstpraktiken thematisiert wurden. Sie lud Theoretiker:innen, Künstler:innen und Aktivist:innen ein, um mit diesen über künstlerische Praktiken, Geschlecht und die damit verbundenen Zuschreibungen zu sprechen und einen Raum für Diskussionen zu schaffen. Xenia Ende ist eine der wiederkehrende Künstler:innen in der Galerie und veranstaltet Performances, die immer wieder Queerness, Transgeschlechtlichkeit und Sexualität thematisieren.

Adresse Galerie Genscher, Marktstraße 138, 20357 Hamburg | **ÖPNV** U-Bahn-Haltestelle Feldstraße, Linie U 3; U-Bahn-Haltestelle Messehallen, Linie U 2 | **Öffnungszeiten** aktuelle Ausstellungen und Veranstaltungen unter www.galerie-genscher.com | **Tipp** Einen Kuchen im Café Klatsch (Glashüttenstraße 17) verdrücken.

34 Der Garten der Hanseatin

Rückzugsort für Frauen

Die Hanseatin ist ein Hotel im Hamburger Gängeviertel, das exklusiv von Frauen für Frauen errichtet wurde. Die 13 individuell eingerichteten Zimmer in dem denkmalgeschützten Backsteingebäude erstrecken sich über insgesamt drei Stockwerke. Das Hotel setzt auf einen Mix aus alten und neuen Möbeln.

Ein Highlight des Hotels ist der idyllische Garten. Wer geschäftlich unterwegs ist, kann von hier aus, abgeschottet vom Trubel der Hamburger Innenstadt, mit dem Laptop arbeiten. Wer einfach nur als Touristin angereist ist, kann sich ein Buch aus dem hauseigenen Bücherschrank schnappen und lesen – oder einfach auch mal nichts tun. Zudem stellt das Hotel mehrere Zeitungen, darunter die Süddeutsche und das feministische Missy Magazin, zur Verfügung. Die Hanseatin steht allen Frauen und ganz ausdrücklich auch allen Lesben offen. Die Location des Hotels eignet sich perfekt, um Hamburg zu erkunden. Das Gängeviertel ist ums Eck, zur Hamburger Oper und zum Park Planten un Blomen sind es nur fünf Gehminuten, zur Reeperbahn 15 Minuten.

Gegründet wurde das Hotel 1995 von Linda Schlüter und ihrer mittlerweile verstorbenen Lebenspartnerin Karin Wilsdorf. Hervorgegangen ist es aus dem 1988 gegründeten Frauenkulturcafé endlich. Schlüter und Wilsdorf wollten mit der Hanseatin Frauen die Möglichkeit geben, unerwünschten Annäherungsversuchen durch männliche Hotelgäste zu entgehen. Zudem wollten sie lesbischen Frauen unangebrachte Bemerkungen seitens des Hotelpersonals ersparen, wenn sie sich ein Zimmer teilen. Ihr Ziel war es, eine Oase für Frauen zu schaffen, in der sie sich sicher fühlen und sich frei bewegen können. Mittlerweile führt Schlüter das Hotel allein. Unterstützt wird sie dabei von vier Mitarbeiterinnen. Laut Informationen der Hotelleitung ist die Hanseatin das bundesweit einzige Hotel exklusiv für Frauen.

Adresse Die Hanseatin, Dragonerstall 11, 20355 Hamburg | ÖPNV U-Bahnstation Messehallen, Linie U 2; Bushaltestelle, Linie 2, X 35, 607) | Tipp Mit ein wenig Zeit die Gegend rund um den Gänsemarkt genauer kennenlernen.

35 Die Gaybar Extratour

Eine richtige Kneipe

Diese kleine rustikale Schwulenbar, die sich irgendwo zwischen Erdgeschoss und Keller mit Blick auf die Straße gleich beim Hansaplatz befindet, bietet Besuchenden Oldschool-Kneipen-Charme. Bei den Gäst:innen, die hier auch mal bis in die frühen Morgenstunden bleiben, handelt es sich zum großen Teil um ältere schwule Männer. Viele von ihnen dürften Hamburg noch erlebt haben, als homosexuelle Männer strafrechtlich verfolgt wurden – vielleicht werden die Fenster auch deshalb am Abend so verdunkelt, dass niemand reinschauen kann. Die Bar, die bereits seit 1989 betrieben wird, ist nicht hip, sondern eine Etablissement vom alten Schlag. Hier steht noch ein alter Holztresen, zu jedem Getränk gibt es einen Bierdeckel dazu.

Neben Drinks und guten Gesprächen kann man sich hier an einer Dartmaschine und zwei Glücksspielautomaten versuchen. Dass die Kneipe zu einem großen Teil von schwulen Männern besucht wird, verraten die vielen Schwarz-Weiß-Fotografien von halbnackten und nackten Männern an den Wänden. Die unprätentiöse Bar mit Oldschool-Playlists ist gemütlich und für alle, die keine Lust auf die Szenebars in der Langen Reihe haben. Auf der Getränkekarte fallen vor allem die vielen Obstschnäpse auf, die die Kneipe zu bieten hat – und die für Hamburger Verhältnisse recht günstigen Preise.

In den kleinen Sitzecken kann man es sich schon mittags gemütlich machen oder die Sonne im Frühjahr und Sommer im Außenbereich genießen. Anders als in vielen anderen Bars in St. Georg kann hier auch noch geraucht werden – die zahlreichen Aschenbecher füllen sich von Stunde zu Stunde mehr. Am Wochenende bleiben die Besucher:innen auch gern mal etwas länger. Dann schließt die Kneipe nämlich erst in den frühen Morgenstunden, während die Betreibenden der Gemüse- und Obstläden rund um den Hansaplatz schon ihre Shops für den Verkaufstag vorbereiten.

Adresse Extratour, Zimmerpforte 1, 20099 Hamburg | ÖPNV U-Bahn-Haltestelle Hauptbahnhof Nord, Linie U2, U4; Bushaltestelle HBF/Kirchenallee, Linie 6, 17, 18, 607 | Öffnungszeiten So–Do 14–2 Uhr, Fr und Sa 14–5 Uhr | Tipp Die Sonne und das Treiben am Hansaplatz genießen.

36 Der Gedenkort Fuhlsbüttel

Die Gräuel des NS-Terrorregimes

Dem schönen Gebäudekomplex in Hamburg-Fuhlsbüttel, in dem sich heute eine Gedenkstätte und eine Justizvollzugsanstalt befinden, haftet eine grauenvolle Vergangenheit an. An die furchtbaren Ereignisse erinnern heute die Tafeln mit den Namen der Menschen, die im KZ-Außenlager Fuhlsbüttel ihr Leben ließen. Nur wenige Wochen nach der Machtübernahme der Nazis richtete die Hamburger Staatspolizei das KZ ein, das auch unter dem Namen Kola-Fu bekannt war. Sie übergaben es bereits am 4. September 1933 an die Schutzstaffel und Sturmabteilung. Innerhalb kürzester Zeit sorgten diese dafür, dass das Konzentrationslager zu einer der berüchtigsten Terrorstätten im gesamten Gebiet des nationalsozialistischen Deutschlands wurde.

Die Hamburger Kriminalpolizei brachte alle Menschen im Kola-Fu unter, die nicht das Ideal ihres »arischen Herrenmenschen« erfüllten. Dazu gehörten neben Jüd:innen auch Schwule, Sinti:zze, Bettler:innen und Sexarbeiter:innen. Die Terrorzelle sollte für die meisten jedoch nicht der letzte Ort des Schreckens bleiben. Von hier aus wurde ein Großteil der unschuldigen Häftlinge in größere Konzentrationslager wie Neuengamme, Buchenwald oder Sachsenhausen gebracht. Dennoch verloren Hunderte Menschen zwischen 1933 und 1945 ihr Leben im Kola-Fu, weil sie vom SS- und SA-Personal entweder erschlagen, erdrosselt oder in den Tod getrieben wurden.

Die meisten Männer, die nach dem Paragraphen 175 und 175a angeklagt waren, mussten während der polizeilichen Ermittlungen in »Schutzhaft« nach Fuhlsbüttel. Ab 1936 wurde das Lager dann als Polizeigefängnis weitergeführt, in das fast alle verhafteten Widerstandskämpfer:innen aus Hamburg kamen. In der heutigen Gedenkstätte erhalten Besuchende Informationen über das Schicksal der verschiedenen gesellschaftlichen Gruppierungen, die in Fuhlsbüttel eingesperrt wurden oder ihr Leben verloren.

Adresse Gedenkstätte Fuhlsbüttel, Suhrenkamp 92, 22335 Hamburg | ÖPNV Bushaltestelle Suhrenkamp, Linie 118, 174, 274, 606; nicht barrierefrei | Öffnungszeiten So 10–17 Uhr und nach Vereinbarung für Führungen | Tipp Von hier aus zur Fuhlsbütteler Schleuse spazieren und über den Besuch in der Gedenkstätte nachdenken.

37 Die Gedenktafel für Lida

Radikale Ideen

Das Leben von Frauen im 19. Jahrhundert war beschränkt, sie hatten weder finanzielle noch politische Rechte. Sie waren abhängig von Männern, und ihre Aufgabenfelder beschränkten sich auf Küche und Kindererziehung. Lida Gustava Heymann wollte sich damit nicht zufriedengeben. Die im großbürgerlichen Harvestehude 1868 geborene Hamburgerin hatte vier Geschwister, die alle bis auf Lida heirateten und dem konservativen Lebensentwurf ihrer Eltern folgten. Lida dagegen zog sich nachts Männerkleidung an und erkundete das öffentliche Leben Hamburgs, das damals nicht für Frauen bestimmt war. Dort begegneten ihr Armut, Not und ungerechte Lebensverhältnisse. So lernte sie beispielsweise die Welt des Rotlichts kennen und legte sich mit den Behörden an, die an Bordellen mitverdienten.

Nach dem Tod ihres Vaters erbte sie eine Menge Geld, das sie dazu nutzte, das erste Frauenhaus Deutschlands zu eröffnen. In der Paulstraße 25 konnten Frauen gegen Ende des 19. Jahrhunderts fortan Rat und Schutz suchen. So schaffte die Hamburgerin ein institutionelles Vorbild, in dessen Rahmen bis heute wichtige Arbeit für Frauen geleistet wird.

Doch Lida ist nicht nur eine der bedeutendsten Frauenrechtlerinnen Deutschlands, sondern auch eine LGBTIQ-Ikone. Lida war nämlich lesbisch und lebte mit der Frauenrechtlerin und Juristin Dr.in Anita Augspurg zusammen, mit der sie sich aktiv für das Frauenwahlrecht in Deutschland einsetzte. Die Forderung nach einem Wahlrecht für Frauen war in der damaligen Zeit so radikal, dass Lida sogar von der Hamburger Polizei bespitzelt wurde. »Ein Europa mit Frauenwahlrecht wäre keinem Weltkrieg zum Opfer gefallen«, sagte sie einmal. 1918 war es dann endlich so weit: Das Frauenwahlrecht wurde in Deutschland eingeführt. Heute befindet sich in der Paulstraße 25, die gleich am Jungfernstieg liegt, kein Frauenhaus mehr, sondern die Europapassage.

Adresse Paulstraße 25, 20095 Hamburg | ÖPNV Bushaltestelle Gerhart-Hauptmann-Platz, Linie 3, 5, 19, 606, 607, 608, 609, 610, 640, 641; U-Bahnhof Rathaus, Linie U3 | Tipp Lust auf Kino? Schaut euch im traditionsreichen Passage Kino (Mönckebergstraße 17) einen Film an.

38 Die Generation Bar

Auf den zweiten Blick einen Besuch wert

Die Generation Bar in der Langen Reihe kommt eigentlich ziemlich unscheinbar daher. Durch die großen Schaufenster kann man bereits von draußen in das Lokal blicken, das weder durch Interieur, Bilder noch durch seine Getränkekarte hervorsticht. Auffallend ist aber, dass hier tatsächlich viele unterschiedliche Generationen aufeinandertreffen. Das lesbische Paar Ulla und Ramona sind Stammgästinnen. Auch ihr schwuler Freund Jalo, der in seinen 40ern ist und ein Friseurstudio gleich in der Nähe der Bar betreibt, kommt oft her. Jalo sowie Ulla, die in ihren 70ern ist und Ramona, die in ihren 60ern ist, sind große Fans der Generation Bar. »Ich liebe Hamburg«, so Ulla. »Und ich liebe es hier, weil das Publikum so durchmischt ist.« Die drei sympathischen Stammgäst:innen unterhalten sich lauthals und immer wieder mit den jüngeren Gruppen, die rechts und links neben ihrem Tisch sitzen.

Jalo war vor 20 Jahren sogar für fünf Jahre Kellner in der Generation Bar, zu einer Zeit, in der es noch kein Planet Romeo oder Grindr gab. »Damals war es noch normal, dass man über Wochen immer zum selben Ort kommen musste, an dem man einen süßen Typen gesichtet hat«, erzählt Jalo. Vor 20 Jahren sei es an der Tagesordnung gewesen, als schwuler Mann offen diskriminiert zu werden und nur durch geheime Klopfzeichen Eintritt in eine Schwulenbar zu erhalten. Die Generation Bar hat alle Veränderungen miterlebt; es gibt sie immer noch, obwohl viele andere Schwulenbars ihre Türen mittlerweile schließen mussten. Durch die Datingapps verloren sie immer mehr Publikum und damit ihre wirtschaftliche Grundlage. »Schwule hatten es nicht mehr nötig, sich in eine Bar zu setzen, um andere Männer kennenzulernen«, sagt Jalo. Er selbst kommt nach 20 Jahren noch immer gern in die Bar, in der er mal arbeitete. Menschen wie Jalo, Ulla und Ramona sowie deren Geschichten machen die Generation Bar zu einem Ort, den es sich lohnt, zu besuchen.

Adresse Generation Bar, Lange Reihe 81, 20099 Hamburg | **ÖPNV** Bushaltestelle Gurlittstraße, Linie 6, 17, 18, 607; U-Bahn-Haltestelle Lohmühlenstraße, Linie U 1 | **Öffnungszeiten** täglich 17 – 1 Uhr | **Tipp** Sich einen neuen Haarschnitt beim Salon St. Georg (Lange Reihe 92) verpassen lassen.

39 Die Gleichstellungsbehörde

Lass Geld regnen

Das Verhältnis zwischen queeren Menschen und dem Staat ist, um es höflich auszudrücken, kompliziert. Lange Zeit war er für die Verfolgung von homosexuellen und transgeschlechtlichen Personen verantwortlich. Und selbst nach Ende der strafrechtlichen Verfolgung machte die Bundesrepublik queeren Menschen das Leben schwer. Während gleichgeschlechtliche Paare in den Niederlanden bereits seit 2001 heiraten dürfen, können sich homosexuelle Paare in Deutschland erst seit 2017 das Ja-Wort geben. Rechtlich gleichgestellt sind queere Paare ihren heterosexuellen Pendants beispielsweise im Abstammungsrecht bis heute nicht. Und für trans Personen gestaltet der Staat die Personenstandsänderung durch das sogenannte Transsexuellengesetz zu einer erniedrigenden Tortur.

Und doch braucht es in unserem derzeitigen System den Staat, um queeres Leben aufrechtzuerhalten. Ohne finanzielle Fördermittel stünden viele LGBTIQ-Projekte vor dem Aus. Die Behörde für Wissenschaft, Forschung, Gleichstellung und Bezirke in Hamburg hat es sich zum Ziel gesetzt, die »rechtliche und tatsächliche Gleichstellung und Akzeptanz von Lesben, Schwulen, Bisexuellen, Trans* und Inter* (LSBTI*)« in Hamburg herzustellen. Dafür unterstützt sie gleich mehrere queere Projekte in der Hansestadt. So fördert die Behörde beispielsweise die Refugee Sisters, die lesbischen, bisexuellen, trans und inter Geflüchteten einen Raum bieten möchten. Das Projekt JungLesben*Zentrum, das Menschen, die sich als weiblich und / oder lesbisch definieren, einen Safer Space bieten möchte, wird ebenfalls unterstützt. »Für jeden Menschen ist es wichtig, sich mit der eigenen sexuellen Orientierung und / oder geschlechtlichen Identität positiv zu identifizieren, um ein selbstbestimmtes Leben führen zu können«, sagt Dorothee Bramlage vom Referat Antidiskriminierung und LSBTI*.

Adresse Behörde für Wissenschaft, Forschung, Gleichstellung und Bezirke, Hamburger Straße 37, 22083 Hamburg | **ÖPNV** U-Bahn-Haltestelle Hamburger Straße, Linie U 3; Bushaltestelle U Hamburger Straße, Linie 607 | **Öffnungszeiten** www.hamburg.de/bwfgb | **Tipp** Die Gegend rund um den Kuhmühlenteich erkunden und die Sonne auf einer der Wiesen genießen.

40 Das Grab von Anita Rée

Hamburgs Wiederentdeckung

Dunkle, eindringliche Augen schauen die Betrachter:innen an. In ihnen spiegeln sich Entschlossenheit, aber auch Melancholie und Zweifel wider. Eingerahmt werden sie von kräftigen schwarzen Augenbrauen. Ihre angedeutete Nacktheit lässt die Frau verletzlich und angreifbar wirken. Dieses Selbstporträt von Anita Rée ist das wohl bekannteste Werk der Künstlerin und war auch das Titelbild für die Retrospektive in der Hamburger Kunsthalle in den Jahren 2017 und 2018. Das Schaffen dieser außergewöhnlichen Künstlerin, das lange Zeit in Vergessenheit geraten war, wurde damit fast 90 Jahre nach ihrem Tod geehrt.

Geboren wurde Anita Rée 1885 in Hamburg. Sie entstammte einer wohlhabenden jüdischen Kaufmannsfamilie. Mit dem Wunsch der Tochter, Künstlerin zu werden, konnten ihre Eltern nichts anfangen. Doch Anita Rée bewies schon in jungen Jahren ihr Talent. Der Hamburger Maler Arthur Siebelist wurde ihr Mentor. Doch prägend für ihre Kunst wird vor allem eine Reise nach Paris. In der französischen Hauptstadt macht sie sich mit der Aktmalerei vertraut und entwickelt, inspiriert von den damals neuartigen Kunstrichtungen, einen eigenen avantgardistischen Stil. Anita Rée wurde zu einer bedeutenden Künstlerin in Hamburg. Ihr wird nachgesagt, sowohl mit Männern als auch Frauen Beziehungen geführt zu haben.

Doch obwohl sie Protestantin war, sahen die Nationalsozialistin die Künstlerin als Feindin an. Als Anita Rée ein Auftragswerk für die Ansgarkirche in Hamburg-Langenhorn anfertigte, setzten die Nazis die Kirche unter Druck, und so stand es schlussendlich nie auf dem Altar der Kirche. Aufgrund des zunehmend feindlichen Umfeldes zog es die Malerin nach Sylt, wo sie Ende des Jahres 1933 mit 48 Jahren Suizid beging. Ihr Grab befindet sich heute auf dem Althamburgischen Gedächtnisfriedhof an der Grabanlage 16a.

Adresse Friedhof Hamburg-Ohlsdorf, Fuhlsbüttler Straße 756, 22337 Hamburg | ÖPNV U- und S-Bahnhof Ohlsdorf, Linie U 1, S 1, S 11 | Öffnungszeiten täglich 7–21 Uhr | Tipp Über den beeindruckenden Ohlsdorfer Friedhof spazieren und die Vielfalt der Gräber bestaunen.

41 Die Große Freiheit

Eine Kiez-Legende

Auf der Großen Freiheit wurde schon häufig Geschichte geschrieben. Früher erlangte die Straße große Bekanntheit, weil auf den Bühnen der Clubs, die heute geschlossen sind, gestrippt und Sex gezeigt wurde. Außerdem hatten die Beatles in einem Club auf der Großen Freiheit 64 ihren ersten Auftritt. Heute sind in der Straße noch immer viele Bars angesiedelt, drei davon von Deutschlands bekanntester Dragqueen Olivia Jones, die die Olivia Jones Bar, Olivias Wilde Jungs und Olivias Show Club betreibt.

Hinter der Kunstfigur Olivia steckt der Travestiekünstler Oliver Knöbel, der öffentlich eigentlich immer nur als Jones auftritt und sowas wie der deutsche RuPaul ist. Die Dragqueen ist nicht nur auf der Reeperbahn bekannt, sondern auch aus diversen Trash-TV-Formaten. 2013 reiste sie für RTL in den australischen Dschungel (»Ich bin ein Star, holt mich hier raus«) und belegte bei der Show den zweiten Platz. Olivia Jones ist aber auch aufgrund ihres politischen Engagements immer wieder in den Medien. Heute ist sie von der Hamburger Reeperbahn nicht mehr wegzudenken. Jones setzt sich immer wieder gegen rechtsradikale Politiker ein und machte die Bundesversammlung 2017 ein wenig bunter, als sie in der Rolle der prominenten Volksvertreter:innen den 12. Bundespräsidenten Frank Walter-Steinmeier wählte. Die Fotos der Dragqueen im blauen Kostüm mit riesiger oranger Perücke neben all den Männern in Anzug und im Gespräch mit Merkel machten damals die Runde.

Lilo Wanders, ebenfalls Travestiekünstlerin, entdeckte die Dragqueen und verhalf ihr in Hamburg zu Auftritten und anschließender Bekanntheit. Damals war Olivia noch satte 2,01 Meter groß. Aufgrund von Rückenschmerzen ließ sie sich aber beide Beine um jeweils sechs Zentimeter verkürzen. Dennoch bleibt die Queen immer noch eine bemerkenswerte Erscheinung mit großer Fangemeinde.

Adresse Große Freiheit, 20359 Hamburg | ÖPNV S-Bahn-Haltestelle Reeperbahn, Linie S 1, S 2, S 3; Bushaltestelle Große Freiheit, Linie 601, 607, 608, 609, 610, 641, 688 | Tipp Richtung Wohlwillstraße laufen und beim gut durchdachten Konzeptstore NOT THE GIRL WHO MISSES MUCH vorbeischauen.

42 Die Grünanlagen

Ein Blick sagt mehr als tausend Worte

Wer im 19. und lange Zeit auch im 20. Jahrhundert als homosexueller Mann andere schwule oder bisexuelle Männer treffen wollte, war in Deutschland oftmals auf sogenanntes Cruising angewiesen. Zum einen, weil homosexuelle Handlungen lange Zeit verboten waren. Zum anderen, weil Dating-Apps wie Grindr, Tinder, Planet Romeo und Co. natürlich noch lange nicht erfunden waren. Beim Cruisen suchen (meist) Männer, an bestimmten Locations nach möglichen Sexualpartnern. Ein paar ausgetauschten Blicken folgt dabei oftmals ein kurzes Gespräch, und schon ist ein passendes Gegenüber gefunden. Gecruist wurde und wird oftmals in Parks, Wäldern und auf öffentlichen Toiletten – also stets in der Halböffentlichkeit.

Das älteste Cruising-Gebiet Hamburgs findet sich in den Grünanlagen an der Lombardsbrücke zwischen der Binnen- und Außenalster. Hier sollen Männer bereits in den 1860er Jahren nach anderen Männern Ausschau gehalten und nach Spaß gesucht haben. Damals kamen hier viele zum Cruisen her, um der staatlichen Verfolgung zu entgehen. Immerhin konnte schwuler Sex einen ins Gefängnis und während der Zeit der Nationalsozialisten sogar in ein Konzentrationslager bringen.

Zwar gibt es mittlerweile in Hamburg mehrere Gay-Saunen, Partys und Bars, in denen schwule und bisexuelle Männer nach ungezwungenem Spaß suchen können. Doch auch heute finden sich in Hamburg immer noch verschiedene öffentliche Cruising-Spots. Dass auch diese von einigen aus einer gewissen Not heraus aufgesucht werden, ist zwar nicht leugbar. Andere hingegen dürften eher an dem Kick interessiert sein, den diese Art der Suche nach Sex bietet. Und glaubt man einigen Online-Berichten, so kommen immer noch Männer zu den Grünanlagen an der Lombardsbrücke, um nach Spaß zu suchen. Ob den meisten dabei wohl bewusst ist, dass sie genau das Gleiche tun wie schwule Männer vor über 150 Jahren? Man weiß es nicht.

Adresse an der Lombardsbrücke, 20354 Hamburg | **ÖPNV** U-Bahn-Station Stephansplatz, Linie U 1; S-Bahn-Station Jungfernstieg, Linie S 1, S 2, S 3, S 21 | **Tipp** Sich eine Ausstellung in der Hamburger Kunsthalle (Glockengießerwall 5) anschauen.

43 Das Hamburger Rathaus

Die Ehe ist für alle da

Das Hamburger Rathaus ist eine weitere Ikone der Hansestadt mit einer (auch) queeren Geschichte. Und die reicht weiter zurück, als manch eine:r vielleicht vermuten mag. Denn eine lesbische Frauenrechtlerin machte bereits Anfang des 20. Jahrhunderts im Rathaus Geschichte. Im Jahr 1919 trat Helene Lange, der in diesem Buch ein eigenes Kapitel gewidmet wird (siehe Seite 102), als Mitglied der Deutschen Demokratischen Partei als erste Alterspräsidentin in die Hamburgische Bürger:innenschaft ein. Gemeinsam mit ihrer Lebenspartnerin Gertrud Bäumer kämpfte sie bis an ihr Lebensende für die Rechte von Frauen. Weil die Partnerin von Helene Lange 1920 in den Reichstag gewählt wird, ziehen die beiden von Hamburg nach Berlin. Ihre Partnerinnenschaft haben sie allerdings geheim gehalten.

Doch das Rathaus hat auch aktuelle queere Geschichte zu bieten. Denn seit dem 1. Oktober 2017 können sich gleichgeschlechtliche Paare in Deutschland endlich das Ja-Wort geben. Gefeiert wurde dieser historische Tag, der einen wichtigen Schritt Richtung rechtlicher Gleichstellung markiert, mit insgesamt 15 Paaren, die im Hamburger Rathaus standesamtlich heirateten. Fünf der Paare wurden ausgewählt, die restlichen zehn per Losverfahren ermittelt. Sieben schwule und acht lesbische Paare gaben sich an diesem Tag das Ja-Wort.

In Hamburg konnten Paare bereits seit 1999 die »Hamburger Ehe« eingehen. Dabei handelte es sich um eine eingetragene Lebenspartnerschaft, die allerdings lediglich symbolischen Charakter hatte. Am 1. August 2001 wurde die »Hamburger Ehe« allerdings wieder abgeschafft. Denn an diesem Tag trat das bundesweite Lebenspartnerschaftsgesetz in Kraft, das es homosexuellen Paaren in ganz Deutschland möglich machte, eine eingetragene Partner:innenschaft einzugehen. In Sachen Gleichstellung war Hamburg der Bundesrepublik also um einiges voraus.

Adresse Rathaus, Rathausmarkt 1, 20095 Hamburg | **ÖPNV** U-Bahn-Haltestelle Rathaus, Linie U 3; Bushaltestelle Rathausmarkt, Linie 4, 5, 19, 602, 603, 604, 605 | **Tipp** Einen Kaffee im Café Paris (Rathausstraße 4) mit seinem schönen Jugendstildekor trinken.

44 Der Hamburger Sportverein

Brüchige Biographie

Der Nationalsozialismus hat unvorstellbares Leid über queere Menschen. Er hat allerdings auch Widersprüche in den Lebensläufen der Menschen hinterlassen. Wie in dem Leben von Emil Martens. Geboren wurde Martens 1886 in Nusse. Er absolvierte eine kaufmännische Ausbildung und zog während des Ersten Weltkrieges freiwillig an die Front. 1917 wurde er von den Briten in Kriegsgefangenschaft genommen, die er überlebte. Martens macht sich anschließend gemeinsam mit einem Freund selbstständig. Die beiden gründeten ein Unternehmen zum Import und Export von Perlmuttknöpfen.

In seiner freien Zeit verschrieb sich Martens voll und ganz dem Hamburger Sportverein. Während er in jüngeren Jahren selbst als Amateurspieler aktiv war, wurde der Kaufmann 1928 zum Vorsitzenden des HSV. In dieser Funktion konnte er nicht nur sein unternehmerisches Geschick walten lassen – sondern auch seinen Hang zum Autoritären. Martens trat nach der Machtergreifung 1933 der NSDAP bei, galt aber bereits zuvor als Unterstützer der Partei. Als Vereinsführer wollte er wichtige Entscheidungen stets allein treffen.

1934 wird Martens wegen des Verstoßes gegen das Amateurstatut seines Amtes enthoben. Zwei Jahre später muss er wegen Verstößen gegen den Paragraphen 175 ins Gefängnis. Nach seiner Zeit in Haft wird Martens zwei weitere Male verhaftet, beim letzten Mal droht ihm die Überführung in ein Konzentrationslager. Um dem KZ zu entgehen, lässt sich er sich »freiwillig« kastrieren. Für die Kosten der Kastration muss er selbst aufkommen. Dennoch wird er erst 1944 aus dem Gefängnis entlassen. Nach dem Ende des Zweiten Weltkrieges kehrt er zum HSV zurück, spielt bei den Alten Herren und ist Teil des Ältestenrates, bis er 1969 an den Folgen eines Schlaganfalls stirbt.

Adresse Hamburger Sportverein, Sylvesterallee 7, 22525 Hamburg | **ÖPNV** Bushaltestelle Arenen, Linie 180; S-Bahn-Station Stellingen, Linie S 3, S 21 | **Tipp** Beim Picknick Imbiss (Hellgrundweg 2) vorbeischauen, sich ein erfrischendes Getränk kaufen und in den Volkspark legen.

45 Der Hans-Henny-Jahnn-Weg

Ein Hamburger Multitalent

Hans Henny Jahnn wurde 1894 in der Nähe von Hamburg geboren und war ein besonders vielfältiger Mensch. Er arbeitete nicht nur als Schriftsteller, Dichter und politischer Publizist, sondern unter anderem auch als Komponist, Musikverleger und noch dazu: als Orgelbauer. Bekannt wurde er für seine Texte, in denen die dominierenden Themen homosexuelles Begehren und die Sehnsucht nach einer ewigen Vereinigung zweier Männer waren. Heute wäre das natürlich keine Sensation mehr, doch Jahnn schrieb zu einer Zeit über solche Themen, in der dies alles andere als üblich war. Immerhin waren homosexuelle Handlungen verboten, und schwule Männer mussten ihre sexuelle Orientierung verstecken.

Umstritten war der Schriftsteller aber nicht nur aufgrund der Beschreibung homosexueller Liebe, sondern auch deshalb, weil er in seinen Texten auf drastische Weise über Sexualität und Gewalt schrieb. Dabei lehnte Jahnn jede Art von Gewalt, auch Tieren gegenüber, ab. Er sprach sich auch gegen die Todesstrafe und Rassismus aus und verstand sich als Antimilitarist. Während des Zweiten Weltkrieges, zwischen den Jahren 1934 und 1946, lebte der Schriftsteller im Exil auf der dänischen Insel Bornholm. Dort erweiterte er seine ohnehin schon vielfältige Vita um zwei weitere Tätigkeiten: Er arbeitete als Pferdezüchter und Landwirt. 1950 kehrte er nach Hamburg zurück.

Im heutigen Hamburg erinnern mit dem Hans-Henny-Jahnn-Weg eine nach ihm benannte Straße und ein Denkmal, das sich an seinem letzten Wohnhaus in Hamburg-Blankenese befindet, an den Künstler. Das ehemalige Wohnhaus Jahnns kann auch heute noch besichtigt werden; mit dem WITTHÜS wird hier unter anderem ein wunderschönes Restaurant und Café geleitet. Der Schriftsteller wohnte damals in dem Raum, das heute als Kaminzimmer dient.

Adresse Hans-Henny-Jahnn-Weg, 22085 Hamburg | **ÖPNV** Bushaltestelle Hans-Henny-Jahnn-Weg, Linie 6, 17, 25, 606 | **Tipp** Beim ehemaligen Wohnhaus vorbeischauen und Tiere im Wildgehege beobachten (WITTHÜS, Elbchaussee 499A).

46 Hein & Fiete

Der schwule Checkpoint

Der schwule Checkpoint Hein & Fiete im Stadtteil St. Georg, der aus dem Magnus Hirschfeld Centrum hervorgegangen ist, bietet schwulen und bisexuellen Männern einen Ort, an dem sie sich über HIV und AIDS, sexuell übertragbare Krankheiten und Safer Sex informieren können. Jeden Dienstag und Donnerstag bietet das Team im Haus, das zwischen Toms Saloon und Dragon Sauna praktisch gelegen ist, zwischen 16 und 20 Uhr kostenlose und anonyme Tests auf Geschlechtskrankheiten an. Doch hier geht es nicht nur ums Testen. Der Checkpoint, seine 80 ehrenamtlichen und fünf hauptamtlichen Mitarbeitenden sind auch bestens in den Communities vernetzt und versuchen mit eigenen Projekten, die Akzeptanz queerer Menschen in der Gesamtgesellschaft zu verbessern. Daneben setzen sie sich aktiv gegen die Diskriminierung von Menschen mit HIV ein, innerhalb und außerhalb der schwulen Communities. Das ist selbst heute in Zeiten von PrEP, PEP und verbesserten Behandlungsmöglichkeiten noch immer ein Thema.

Neben Tests bietet das kleine schwule und bisexuelle Center auch Räume für diverse Selbsthilfegruppen. Aktuell trifft sich hier zu unterschiedlichen Zeiten eine Kunstgruppe, eine Gruppe für Depressive, eine Gruppe für schwule Väter und andere. Daneben bietet das Haus eine gut bestückte Bibliothek, in der man die Wartezeit verbringen und sich durch eine schöne Sammlung queerer Literatur schmökern kann. Die mehr als 1.000 Bücher werden in die Kategorien deutsche Literatur, Kultur, Biografien, Geschichte, Diskriminierung und Sexualität unterteilt; die Bibliothek hält sogar ein paar seltene Sammlerstücke bereit. Der Service ist kostenfrei und kann von jedem schwulen oder bisexuellen Mann in Hamburg in Anspruch genommen werden. Schwule Autoren haben im Hein & Fiete auch die Möglichkeit, eine Lesung zu organisieren und werden dabei vom Team des Checkpoints unterstützt.

Adresse Hein & Fiete, Pulverteich 21, 20099 Hamburg | ÖPNV U-Bahn-Haltestelle Hauptbahnhof Nord, Linie U 2, U 4; Bushaltestelle HBF/Kirchenallee, Linie 6, 17, 18, 607 | Öffnungszeiten Mo–Fr 16–20 Uhr, Di und Do Testberatung | Tipp Simple, aber leckere türkische Speisen im Saray Köz (Kreuzweg 12) essen.

47 Die Helene-Lange-Straße

Lesbische Hamburger Geschichte

Ob Helene Lange sich als junge Frau erträumt hatte, die erste Alterspräsidentin der Hamburgischen Bürgerschaft zu werden? Man weiß es nicht. Doch den Mut dazu, gegen Widerstände und Rollenerwartungen anzukämpfen, hatte sie definitiv bereits in jungen Jahren. Helene Lange wurde 1848 in Oldenburg in eine Zeit hineingeboren, in der Frauen größtenteils vom gesellschaftlichen Leben ausgeschlossen wurden. Doch ein Leben im Privaten, also Zuhause, zu verbringen und lediglich Haushaltstätigkeiten zu verrichten, war ihr bereits als junges Mädchen zuwider.

Als Ausweg sah Helene Lange die Bildung. Deshalb wurde sie Lehrerin an einem Mädchenpensionat und eignete sich in ihrer Freizeit vielfältiges Wissen an. Dieses gab sie allerdings nicht nur als Lehrerin weiter. Aus den unter anderem von ihr ins Leben gerufenen »Realkursen für Frauen« entstanden die ersten Gymnasialkurse für Mädchen. Durch ihr frauenrechtliches Engagement lernte sie irgendwann Gertrud Bäumer kennen. Die beiden hatten ähnliche Ansichten und gehörten beide dem gemäßigten Flügel der Frauenbewegung an. Sie strebten also keine komplette Gleichstellung von Männern und Frauen an und waren keine Unterstützerinnen des Frauenwahlrechts. Neben einem ähnlichen Frauenbild verband Helene Lange und Gertrud Bäumer bald auch eine Liebesbeziehung zueinander. Als ihre Partnerin an einem Augenleiden erkrankte, kümmerte sich Gertrud Bäumer um sie.

1910 zogen die beiden Frauen schließlich gemeinsam nach Hamburg. Während Helene Lange Schulleiterin wurde, gründete Gertrud Bäumer mit anderen Politiker:innen die Deutsche Demokratische Partei. 1919 wurde Helene Lange schließlich als Mitglied der DDP die erste Alterspräsidentin der Hamburgischen Bürgerschaft. Doch weil Getrud Bäumer 1920 in die Reichspolitik wechselte, zogen beide nach Berlin, wo Helene Lange zehn Jahre später im Alter von 82 Jahren starb.

Adresse Helene-Lange-Straße, 20144 Hamburg | **ÖPNV** U-Bahn-Haltestelle Hoheluftbrücke, Linie U3; Bushaltestelle Bogenstraße, Linie 181 | **Tipp** Beim nahen Isebekkanal vorbeischauen und eine Pause im Isebekpark machen.

48 Das Hirschfeld-Centrum

Durch Wissenschaft zur Gerechtigkeit

Das Magnus-Hirschfeld-Centrum wird seit mittlerweile 40 Jahren gemeinsam von queeren Menschen geführt. Hier treffen sich nicht nur Selbsthilfe- und Freizeitgruppen. In dem Beratungszentrum finden auch kulturelle und politische Veranstaltungen, Tanz-Events und Clubabende statt. Die Hamburger Institution wurde am 14. Mai 1983 im Rahmen einer feierlichen Gala eröffnet – an dem Tag, an dem der 115. Geburtstag des Namensgebers Dr. Magnus Hirschfeld gewesen wäre.

Hirschfeld war nicht nur jüdisch und schwul, sondern auch Sozialist und Mitbegründer der weltweit ersten Homosexuellen-Bewegung, dem wissenschaftlich-humanitären Komitee. Er widmete sein Leben dem Kampf für die Gleichberechtigung Homosexueller und legte mit seiner Arbeit einen kleinen Grundstein zur heutigen Queer Theory. Als Sexualforscher setzte er sich für eine Reform des deutschen Sexualrechts ein und engagierte sich für die Abschaffung des Paragraphen 175. 1930 kam die vermutlich intergeschlechtliche Lili Elbe ins Institut von Magnus Hirschfeld und unterzog sich daraufhin geschlechtsangleichenden Operationen in einer Praxis in Berlin und in der Frauenklinik in Dresden. Sie war wahrscheinlich eine der ersten Personen weltweit, bei der solche Eingriffe vorgenommen wurden.

Hirschfeld sorgte mit seiner Arbeit dafür, dass queere Subkultur aufblühen konnte. Doch diese Entwicklung war nur von kurzer Dauer. Während der NS-Herrschaft war Hirschfeld aufgrund seines Engagements und seiner Forschung ein Feindbild der Nationalsozialisten. Deshalb stürmten die Nazis im Mai 1933 nach der Machtübernahme das Institut des Sexualforschers in Berlin und verbrannten einen großen Teil seiner Bibliothek. Zu dieser Zeit befand sich Hirschfeld auf einer Weltreise, von der er nie wieder zurückkehrte. Er lebte fortan im Exil in verschiedenen europäischen Städten, bis er 1935 in Nizza starb.

Adresse Magnus-Hirschfeld-Centrum, Borgweg 8, 22303 Hamburg | **ÖPNV** U-Bahn-Haltestelle Borgweg, Linie U 3; Bushaltestelle Wiesendamm, Linie 600 | **Öffnungszeiten** Beratungstermine unter www.mhc-hh.de | **Tipp** Einen köstlichen Kaffee beim südamerikanischen Coffee Unlimited (Borgweg 15) bestellen.

49 Das Hotel City House

Zeitreise mit Stil

Das Hotel City House in St. Georg ist zwar nicht explizit queer, wird aber von vielen schwulen Männern empfohlen. Das liegt auch an der Lage: Das Hotel befindet sich mitten im Zentrum des schwulen Hamburgs, zwischen der Dragon Sauna (siehe Seite 58) und der Fetisch-Bar Toms Saloon (siehe Seite 202). Zur Langen Reihe sind es auch nur ein paar Gehminuten. Weiterer Pluspunkt: Das kleine Hotel ist wirklich entzückend. In einer Seitenstraße gleich beim Steindamm befindet sich die ehemalige Stadtvilla mit 30 individuell und im englischen Stil gestalteten Zimmern. Während draußen der Trubel der Großstadt sofort zu spüren ist, herrscht im City House absolute Ruhe. Ein Aufenthalt hier fühlt sich nicht an wie in einem 08/15-Hotel, sondern eher nach einem Besuch im Landhaus einer wohlhabenden aber schrulligen Großmutter mit exklusivem Geschmack. In den Fenstern im Treppenhaus stehen mehrere Käfige, in denen unechte Vögel Platz finden. Die Zimmer werden hier noch mit Schlüsseln statt mit Karten geöffnet. Und im Kaminzimmer, in dem zumindest ein Fake-Kamin steht, mit kleiner Bibliothek und Hundeporträts lässt sich entspannt Kaffee oder Tee trinken oder arbeiten.

Das Nichtraucher:innenhotel beschreibt sich selbst als »vielleicht einer der letzten Hamburger Geheimtipps«. Die Besuchenden begeben sich in diesem Hotel auf eine kleine Zeitreise. Wie bei Großmutter klemmt hier schon mal der alte Schrank und wie bei der übereifrigen Familie zu Hause, klopft das Personal schon früh am Morgen, um die Zimmer zu reinigen. Das Frühstücksbuffet im Hotel ist für Hamburger Verhältnisse mit 11 Euro recht günstig. Vegetarier:innen kommen hier allerdings nicht unbedingt auf ihre Kosten. Kaffee und Tee gibt es den ganzen Tag im Kaminzimmer kostenlos. Das Hotel City House eignet sich bestens als Ausgangspunkt, um die Bars, Cafés und Schwulensaunen im Hamburger Stadtteil St. Georg unsicher zu machen.

Adresse Hotel City House, Pulverteich 25, 20099 Hamburg | ÖPNV U-Bahn-Haltestelle Hauptbahnhof Süd, Linie U 1, U 3; Bushaltestelle Böckmannstraße, Linie 16, 608 | Tipp Ein Tandoor-Brot in der danebenliegenden Bäckerei Sanai kaufen, für das Kund:innen manchmal Schlange stehen.

50 Das Intersex-Projekt

Denn es gibt mehr als nur zwei Geschlechter

Es gibt immer wieder Menschen, die die vermeintliche Zweigeschlechtlichkeit mit Biologie zu begründen versuchen. Dabei lassen sie ganz offensichtlich außer Acht, dass selbst die Biologie ihr binäres Verständnis von Geschlecht nicht stützt. Denn intergeschlechtliche Menschen weisen Geschlechtsmerkmale auf, die eben nicht klar männlich oder weiblich sind. Das betrifft mitnichten nur die äußeren Geschlechtsmerkmale, sondern beispielsweise auch Hormone und den Chromosomensatz. Nicht umsonst können sich Menschen in Deutschland mittlerweile den Geschlechtseintrag »divers« im Pass eintragen lassen.

Das Wissen über Intergeschlechtlichkeit in der Durchschnittsbevölkerung kann allerdings durchaus als bescheiden bezeichnet werden. Selbst innerhalb der queeren Communities gibt es beim Thema Intergeschlechtlichkeit große Wissenslücken.

Das Projekt »Intersex kontrovers« der Hamburg Open Online University möchte diese Wissenslücken schließen, über Intergeschlechtlichkeit aufklären und damit zur »Würdigung körpergeschlechtlicher Mehrdeutigkeiten« beitragen. Auf dem gleichnamigen Blog können sich alle Interessierten über angeborene Variationen der körpergeschlechtlichen Merkmale informieren.

Entstanden ist »Intersex kontrovers« unter der Leitung von Dr. Katinka Schweizer und Dr. Peer Briken am Institut für Sexualforschung des Universitätsklinikum Hamburg-Eppendorf. Dort kann man natürlich nicht ohne Weiteres hineinspazieren. Doch wer solch wichtige Aufklärungsarbeit leistet, verdient auch in einem Reiseführer Platz. Wer als Hamburg-Besucher:in oder als Einheimische:r trotzdem mal vorbeischauen will, wird von einem recht schlichten Backsteingebäude begrüßt. Unweit entfernt von dem Institut befindet sich der Eppendorfer Park, der mit seinem Tiergehege und Spielplatz vor allem dann ein geeignetes Ausflugsziel ist, wenn Kinder mit dabei sind.

Adresse Deutsche Gesellschaft für Sexualforschung e.V., Martinistraße 52, 20251 Hamburg | **ÖPNV** Bushaltestelle UK Eppendorf, Linie X35 | **Öffnungszeiten** Informationen zu Veranstaltungen unter www.dgfs.info | **Tipp** Ein Picknick oder eine Pause im kleinen Eppendorfer Park machen, der nur wenige Minuten zu Fuß entfernt liegt.

51 Das JungLesben*Zentrum

Come as you are

Kaum eine aktuelle Serie kommt mehr ohne queere Protagonist:innen aus. Dabei sind sie nicht mehr nur Sidekicks, sondern stehen oftmals im Mittelpunkt des Geschehens. Junge queere Menschen, die mit Serien wie »Euphoria«, »Sex Education« oder »Special« aufwachsen, sehen ihre Lebensrealitäten in den Medien heutzutage also besser abgebildet als vorangegangene Generationen. Trans, inter, homo oder bi zu sein, wird dabei mittlerweile als etwas Beiläufiges dargestellt; als etwas, an dem sich kaum noch wer stört. Doch weil die Realität der Hollywood-Welt leider noch hinterherhinkt, kann es noch immer ganz schön verwirrend, kompliziert und im schlimmsten Fall sogar gefährlich werden, wenn man jung und queer ist. Deshalb braucht es auch gegenwärtig noch Angebote wie das JungLesben*Zentrum in der Glashüttenstraße 2.

Das JuLe bietet jungen Menschen, die sich als weiblich und/oder lesbisch definieren einen Safer Space. Um das Wohl aller zu garantieren, hat das Zentrum eine Liste mit Verhaltensregeln aufgestellt. Die Besucher:innen sollen sich hier stets mit Respekt begegnen. Das Zentrum versteht sich aber nicht nur als Jugendtreff. Hier können sich junge Queers beraten lassen, wenn sie mit ihrer sexuellen oder geschlechtlichen Identität hadern oder einfach Fragen dazu haben. Doch auch Familien- oder Beziehungsfragen können im Rahmen eines Gesprächs mit ausgebildeten Pädagog:innen geklärt werden. Darüber hinaus bietet das JuLe auch feministische Workshops an.

Das Zentrum hat für seine Arbeit bereits eine Auszeichnung erhalten. Die Star-Foundation ehrte 20 Organisationen weltweit mit dem »With And For Girls Award«. Das JuLe wurde als einzige deutsche Organisation und als alleiniges Projekt für lesbische Mädchen und Frauen ausgezeichnet. Die Auszeichnung wird an ausgewählte Projekte vergeben, die etwas gegen die Ungleichbehandlung und Diskriminierung von Mädchen tun.

Adresse JungLesben*Zentrum, Glashüttenstraße 2, 20357 Hamburg | **ÖPNV** U-Bahn-Haltestelle Feldstraße, Linie U3; U-Bahn-Haltestelle Messehallen, Linie U2 | **Öffnungszeiten** Mo ab 16 Uhr, 17–19 Uhr DIE AGAY, Di 16–21 Uhr offener Treff | **Tipp** Die kleinen Shops im Karolinenviertel erkunden.

52 Das Kampnagel

Gegen Exklusivität

Das über die Grenzen von Hamburg bekannte Produktionshaus Kampnagel hat den Beinamen »Internationales Zentrum für schönere Künste«. Und zu schöneren Künsten zählt so ziemlich jede Form der Kunst. Hier finden also neben Produktionen auch Konzerte, Festivals und Konferenzen statt. Pro Spielzeit können sich Besuchende zwischen mehr als 900 Veranstaltungen im Kampnagel entscheiden. Wenn man über das Gelände des Kampnagels spaziert, wundert das nicht: Der multifunktionale Bühnenkomplex hat eine Vielzahl an Veranstaltungsräumen. Mehr als 180.000 Besuchende schauen sich jedes Jahr neben Theater auch Tanz, Bildende Kunst, Musik und Performances in der ehemaligen Maschinenfabrik in Hamburg-Winterhude an.

In der Vergangenheit gab es im Kampnagel immer wieder queere Events. So wurden hier bereits Ballrooms veranstaltet, auf denen Voguing-Tänzer:innen ihre Outfits und Tänze zum Besten gaben. Daneben wurden auch Voguing-Kurse angeboten. Außerdem wird hier seit einigen Jahren das Queer Performance Art Festival Queer B-Cademy veranstaltet. Das mehrtägige Festival wartet jedes Jahr mit spannenden Events auf und bietet queerer, alternativer Kunst eine Bühne. Dabei sollen intersektionale Perspektiven ausgetauscht und eine queere Utopie und Futurismus geübt werden.

Der Name leitet sich übrigens vom Englischen »Academy«, also Akademie, ab. Das B soll dabei für »being«, also »sein«, stehen. Das Festival macht schon mit seinem Namen deutlich, dass es die akademische Welt kritisieren möchte, die exklusiv, eurozentristisch, nichtmigrantisch, weiß, männlich, heterosexuell und cis-gender sei. Das Festival möchte deshalb die wissenschaftliche Welt erweitern, das Spektrum öffnen und alternative Narrative erforschen. Es will herausfinden: Welches Wissen wird eigentlich validiert und wessen Erfahrungen bleiben außerhalb der Wissenschaft? Wir finden: Ein Besuch lohnt sich auf alle Fälle!

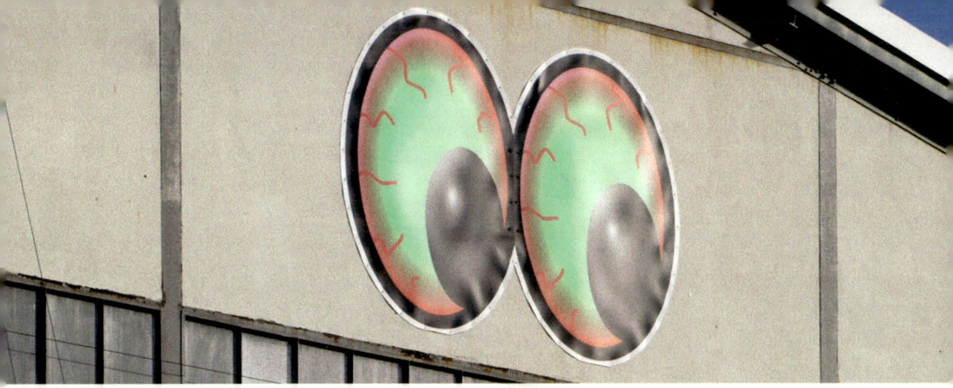

Adresse Kampnagel, Jarrestraße 20, 22303 Hamburg | **ÖPNV** U-Bahn-Haltestelle Saarlandstraße, Linie U 3; Bushaltestelle Großheidestraße, Linie 17, 172 | **Öffnungszeiten** Programm auf www.kampnagel.de | **Tipp** Mit einem Besuch bei der Karaoke-Party QUEEREEOKÉ werden queere Projekte unterstützt!

53_Die KANTE

Gib' dir die Kante

Die Kante auf St. Pauli bezeichnet sich selbst liebevoll als Schuhkarton mit Panorama und meint damit wohl den Blick auf den Grünen Jäger. Denn das kleine Eckcafé befindet sich gleich neben der Clubhütte am Pferdemarkt, in der immer viel Trubel herrscht und öfter kleine Indie-Konzerte stattfinden.

Aber bleiben wir bei der Kante: In dem Café ist das Personal auffallend freundlich, serviert werden Schokoladenkuchen, Mandel-Zitronen-Kuchen, köstliche Focaccia und wärmende Getränke wie der Winter Whisky oder eine Simon Schorle. Bei Letzterer handelt es sich nicht um irgendeine Fruchtschorle, sondern um einen Saft, der aus ungenutztem Obst von Streuobstwiesen produziert wird. Geerntet wird das regionale Obst von gesellschaftlichen Randgruppen – von der Mehrheitsgesellschaft vergessene Menschen, die vergessene Ressourcen nutzen sozusagen. Dass die Kante dieses Unternehmen unterstützt und die Simon Schorle im Angebot hat, spricht natürlich für das Café.

Die Karte in der Kante wechselt wöchentlich und wartet immer wieder mit neuen Leckereien auf. Das heißt also, dass es sich immer lohnt, einen Blick auf die Auswahl der Speisen zu werfen. Ein absoluter Pluspunkt des Cafés: Die Kante bietet auch vegane und glutenfreie Speisen an. Hier sollte also tatsächlich für alle etwas dabei sein.

Seit vier Jahren bereits öffnet das sympathische Lokal dienstags bis sonntags seine Türen und ist ein idealer Ort, um an einem freien Tag einfach mal die Zeit verstreichen zu lassen. Zwar bezeichnet sich die Kante nicht selbst als lesbisches Café, doch von vielen wird sie als solches wahrgenommen und so bezeichnet. Die Betreiber:innen des Cafés wollen aber vielmehr offen bleiben und jede:n willkommen heißen. Das scheint auch zu klappen; das Publikum der Kante ist durchmischt und divers. Die Gäst:innen sind queer und hetero, jung und alt, cis und trans.

Adresse KANTE, Wohlwillstraße 54, 20359 Hamburg | **ÖPNV** U-Bahnstation Feldstraße, Linie U 3; Bus-Station Paulinenstraße, Linie 17; S-Bahnstation Landungsbrücken, Linie S 1, S 2, S 3, S 21 | **Öffnungszeiten** Di–So 10–18 Uhr | **Tipp** Auf einen Drink in die Toast Bar vorbeischauen, denn wie das Schild vor der Kante schon verrät, ist »nur die Toast Bar besser«.

54 Das Karolinenviertel

Ein bunter Haufen

Das Karoviertel ist ein Quartier des Hamburger Stadtteils St. Pauli. Das einstige Armenviertel hat sich mittlerweile zu einem bunten und lebendigen Bezirk entwickelt, obwohl, oder gerade weil es über Jahre hinweg von der Politik vernachlässigt wurde. Zu Beginn des 17. Jahrhunderts begann vermutlich die erste Bebauung in der Gegend des heutigen Karolinenviertels. Dabei handelte es sich vermutlich um eine Öl- und eine Windmühle. Zwischen den 1980er und 1990er Jahren entstanden im geschäftigen Viertel viele alternative Wohnprojekte.

Heute finden sich zwischen Feldstraße und Schanzenviertel viele schöne Cafés, Restaurants, Bars und alternative Boutiquen von jungen, bekannten und unbekannten Labels. Hier könnt ihr entweder einen Café Latte schlürfen, die russisch-orthodoxe Kirche am Tschaikowskyplatz besichtigen oder über die Flohschanze bummeln. Das Karolinenviertel ist divers; die Bewohnenden signalisieren ihre Solidarität oder Zugehörigkeit mit der queeren Community durch Regenbogenflaggen an Schaufenstern oder an einzelnen Balkonen des Bezirks. Im Karolinenviertel fanden auch gleich mehrere queere Vereine ihr Zuhause. Die Queer Refugees Hamburg und Intervention – Lesbenverein Hamburg haben hier ihren Sitz. Der Lesbenverein organisiert unter anderem den jährlich stattfindenden Dyke March und veranstaltet verschiedene Gruppentreffen für lesbische und bisexuelle Hamburgerinnen. Der Runde Tisch für queere Geflüchtete wurde hingegen 2015 in Folge der sogenannten Flüchtlingskrise gegründet und möchte Angebote für Flüchtende mit homo- oder transidentem Hintergrund bündeln. Queere Geflüchtete finden im Viertel seither Unterstützung bei der Ankunft und Integration in Hamburg.

Übrigens: Die Bezeichnung Karolinenviertel setzte sich erst ab den 1960er Jahren durch. Vorher wurde es beispielsweise Schlachthofviertel oder Nord-St.Pauli genannt.

Adresse Karolinenviertel, 20357 Hamburg | **ÖPNV** U-Bahn-Haltestelle Feldstraße, Linie U 3; U-Bahn-Haltestelle Messehallen, Linie U 2 | **Tipp** Im sympathischen Café TEIKEI vorbeischauen und eine gemütliche Kaffeepause machen. Auf dem Weg zur Toilette kann man den Einfallsreichtum im Umgang mit Platz bestaunen. Das Café hängt dort seine Wäsche neben Hunderten von Gläsern auf.

55 Das Kino 3001

Lichtspielhausfreude

In einem Kino werden wir in neue oder alte Welten entführt und in alternative Realitäten katapultiert. Und was gibt es Besseres, als zwei Stunden einfach mal abzuschalten und sich einer aufregenden Geschichte hinzugeben? Eben. Das kleine, etwas versteckte, barrierefreie Hamburger Kino 3001 im Schanzenviertel bietet seinen Besuchenden einen ganz besonderen Charme und Filme, die es fast nie auf die Leinwände großer Kinoketten schaffen.

Das alternative Programmkino gibt es seit 1991, und es wird jedes Jahr für sein Programm ausgezeichnet – sowohl landes- als auch bundesweit. Es hat zwar nur einen Saal mit 91 Sitzplätzen, bietet aber neben den ausgewählten Filmen auch Specials wie Paulas-Kinderkino, bei dem samstags und sonntags ein Kinderfilm gezeigt wird und alle nur vier Euro Eintritt zahlen. Jeden zweiten Donnerstag um 21.30 Uhr gibt es außerdem eine Sneak Preview, bei der ein vorher geheim gehaltener Film gezeigt wird. Die Streifen werden meist in Originalsprache mit deutschem Untertitel gezeigt, montags können sich englischsprechende Menschen auf englische Untertitel freuen.

Daneben ist das Kino eine der offiziellen Spielstätten des jährlich stattfindenden Hamburg International Queer Filmfestivals. Während queere Menschen in den meisten Mainstream-Filmproduktionen noch unterrepräsentiert sind und bis vor wenigen Jahren häufig in meist problematischer Weise porträtiert wurden, bietet das Filmfestival einen alternativen, queeren Blick auf Filmkunst. Bereits seit 1990 wird das Festival, das auch unter dem Namen Lesbisch Schwule Filmtage Hamburg bekannt ist, für die queere Community organisiert und ist laut Veranstaltenden das größte und älteste queere Filmfestival Deutschlands. Im Oktober jeden Jahres finden sich Tausende Besuchende ein, um in Hamburger Kinos queeres Kulturgut zu bestaunen. Daneben werden auch Vorträge, Workshops und Partys veranstaltet.

Adresse Kino 3001, Schanzenstraße 75 im Hof, 20357 Hamburg | **ÖPNV** S-Bahnhof Sternschanze, Linie A 1, S 11, S 21, S 31; U-Bahnhof Sternschanze, Linie U 3 | **Öffnungszeiten** www.3001-kino.de | **Tipp** Zum wunderschönen öffentlichen Park Planten un Blomen und dessen Schaugewächshäusern spazieren!

56 Kyti Voo

Kyti, who?

Wer eine Barhopping-Tour in Hamburg plant, bei der man möglichst viel von der Stadt sieht, sollte die Lange Reihe meiden. Die Gefahr, hier zwischen M&V und all den anderen queeren Bars zu versacken, ist einfach zu groß. Klar bieten die Schanze und St. Pauli eine Fülle an Lokalen, die es wert sind, besucht zu werden. Doch die nächste queere Bar ist in der Langen Reihe in St.Georg immer nur einen Katzensprung entfernt.

Wer sich im Café Gnosa mit Kuchen gestärkt und das erste Glas Wein getrunken hat, kann auf der Suche nach einer neuen Location einfach die Straßenseite wechseln. Denn auf der gegenüberliegenden Seite befindet sich die Bar Kyti Voo. Anders als in dem Traditionslokal werden hier Cocktails und Craft Beer vom Fass und in Flaschen serviert. Unter Letzterem versteht man sogenannte Handwerksbiere, die nicht industriell hergestellt sind. Die Kaffeebohnen für Cappuccino, Espresso und Co. werden in der lokalen Hamburger Rösterei elbgold geröstet. Im Gegensatz zur 50er-Jahre-Konkurrenz gegenüber setzt das Kyti Voo sowohl bei den Drinks als auch bei der Einrichtung eindeutig auf aktuellere Trends. Die große Terrasse bietet, sobald es das Wetter hergibt, ausreichend Platz für die Besuchenden. Mit einem Cocktail oder einem Craft Beer lassen sich hier das Treiben und der Trubel in der Langen Reihe gut beobachten, die gern auch mal als Laufsteg Hamburgs bezeichnet wird.

Anders als andere Cafés und Bars weht vor dem Kyti Voo zwar keine riesige Regenbogenflagge. Doch das Lokal zieht dennoch ein LGBTIQ-Publikum an und versteht sich als queerfreundlich. Das zeigt sich auch an den Stellenanzeigen. Eine der Grundvoraussetzungen, um im Kyti Voo hinter der Bar oder als Kellner:in arbeiten zu können, ist neben der Freude am Umgang mit Barbesuchenden und einem Interesse an alkoholischen Getränken eine weltoffene und tolerante Einstellung.

Adresse Kyti Voo, Lange Reihe 82, 20099 Hamburg | **ÖPNV** Bushaltestelle Gurlittstraße, Linie 6, 17, 18, 607; U-Bahn-Haltestelle Lohmühlenstraße, Linie U1 | **Öffnungszeiten** täglich ab 17 Uhr | **Tipp** Im Blumen- und Pflanzengeschäft Hortensia (Lange Reihe 86) gleich nebenan einen wunderschönen Blumenstrauß kaufen.

57 Die KZ-Gedenkstätte

Niemals vergessen

Der Hass der Nationalsozialisten richtete sich nicht nur gegen Menschen jüdischen Glaubens, Menschen mit Behinderung und Sinti:zze und Rom:nja. Auch Homosexuelle, insbesondere schwule Männer, betrachteten die Nazis als »unlebenswertes Leben«. Deshalb wurde der Paragraph 175, der die Strafbarkeit von Homosexualität festlegte, im Jahr 1935 drastisch verschärft. Tausende schwule Männer wurden in Konzentrationslager gesteckt, nur eine kleine Minderheit überlebte.

Einer von ihnen war Heinrich Roth. Er zog nach Hamburg, um eine Ausbildung zum Fotografen zu absolvieren. Doch wegen seiner Beziehung zu einem Mann wurde er zu mehreren Monaten Gefängnis verurteilt. Nach seiner Freilassung ging der gebürtige Saarländer erneut eine Beziehung ein. Dieses Mal war es sein Partner, der festgenommen wurde. Doch weil die Nazis ihn misshandelten, eine ihrer gängigen Taktiken, sagte er gegen Heinrich Roth aus. 1940 wurde der Saarländer schließlich nach Neuengamme deportiert. Das KZ überlebte er zwar. Doch Heinrich Roth starb 1945 auf einem Schiff, auf dem die Häftlinge aus dem KZ nach der Räumung des Lagers untergebracht waren. Er fiel dem britischen Bombardement zum Opfer.

Kastrierte schwule Männer und KZ-Überlebende erhielten nach der NS-Herrschaft keine Entschädigung. Die Täter hingegen konnten ihre Karrieren oftmals unbehelligt fortsetzen – so wie der Staatsanwalt Nicolaus Siemssen, der während der NS-Zeit in Hamburg einer der Hauptankläger gegen schwule Männer war. Er wurde zum Oberstaatsanwalt befördert und war als Chefankläger in Entnazifizierungsverfahren beim Spruchgericht in Bergedorf tätig. Seit dem Jahr 1985 erinnert im einstigen KZ Neuengamme auf Initiative des Vereins »Unabhängige Homosexuelle Alternative« ein Gedenkstein an die homosexuellen Opfer des Nationalsozialismus. Dieser Gedenkstein war bundesweit der Erste seiner Art.

Adresse KZ-Gedenkstätte Neuengamme, Jean-Dolidier-Weg 75, 21039 Hamburg | **ÖPNV** Bushaltestelle KZ-Gedenkstätte, Linie 127, 227, 427 | **Öffnungszeiten** Ausstellungen Mo – Fr 9.30 – 16 Uhr, Sa, So Okt. – März 12 – 17 Uhr, April – Sept. 12 – 19 Uhr | **Tipp** Richtung Borghorster Elblandschaft spazieren und den Besuch nachwirken lassen.

58 Die Lange Reihe

Die Schwulenhochburg Hamburgs

Heute ist St. Georg szenig, hip und sowohl bei Tourist:innen wie Hamburger:innen beliebt – das schlägt sich auch in den Mietpreisen nieder. Das war aber absolut nicht immer so. Über Jahrhunderte hinweg verbannte die Stadt alles nach St. Georg, was anrüchig schien. Um das Jahr 1200 wurde außerhalb der östlichen Mauern Hamburgs das St. Georg-Hospital gegründet, das leprakranke Menschen aufnahm. Mitte des 16. Jahrhunderts wurden ein Pestfriedhof und ein Hinrichtungsplatz erbaut. Es folgten eine Abdeckerei zur Beseitigung und Verwertung von Tierkadavern und ein Müllabladeplatz. Damals wurde St. Georg auch zur Heimat von Schweinezüchter:innen und Schnapsbrenner:innen.

Heute ist alles anders, und man kommt als queere:r Besucher:in Hamburgs nicht drum herum, St. Georg bei Nacht und/oder Tag aufzusuchen. Das belebte und diverse Viertel gilt schon seit Jahrzehnten als *das* LGBTIQ-Viertel in Hamburg und die Lange Reihe ist sowas wie der queere Hotspot Norddeutschlands. Hier hängen nicht nur viele Regenbogenflaggen, sondern es treffen sich auch auffallend viele queere Menschen in den kleinen Cafés, Geschäften, den Bars und Restaurants des Bezirks.

Was heute viele nicht mehr wissen, hier aber noch deutlich zu spüren ist: Hamburg war in den 1950er Jahren *die* Schwulenhochburg Deutschlands. Köln und Berlin, die der Hansestadt mittlerweile diesen Rang abgelaufen haben, konnten damals gegen Hamburg einpacken. Die Stadt muss sich aber selbst heute gar nicht hinter seinen großen Schwestern verstecken. Die Atmosphäre in der Langen Reihe ist einmalig – besonders bei gutem Wetter und im Sommer. Wer hier arbeitet und lebt, kennt sich. Deshalb fühlt sich das Leben hier immer ein bisschen wie in einem Dorf an, die Lange Reihe ist dabei sowas wie der große queere Marktplatz, an dem sich früher oder später alle einfinden, trinken, essen, lachen und gemeinsam Zeit verbringen.

Adresse Lange Reihe, 20099 Hamburg | ÖPNV U-Bahn-Haltestelle Hauptbahnhof Nord, Linie U 2, U 4; Bushaltestelle HBF/Kirchenallee, Linie 6, 17, 18, 607 | Tipp Beim queerfreundlichen Weinkauf St. Georg (Lange Reihe 73) vorbeischauen und sich einen guten Rot- oder Weißwein empfehlen lassen.

59 Das Mahnmal »Hier + Jetzt«

Gegen das Vergessen

Wer auch immer das Hanseatische Oberlandesgericht betritt – ob auf dem Weg zur Arbeit oder als Besucher:in – wird daran erinnert, zu was ein Staat im Stande sein kann. Und wie schnell Unrecht zu Recht werden kann. Das Mahnmal vor dem Gebäude, das seit 1997 hier steht, prangert die Verbrechen des NS-Regimes an – Verbrechen, die in diesem Ausmaß unvergleichbar bleiben. Das Mahnmal möchte den Opfern nationalsozialistischer Justiz gedenken. Es ist all den Menschen gewidmet, die aufgrund einer menschenfeindlichen Ideologie, ohne etwas falsch gemacht zu haben, zu Verbrecher:innen erklärt wurden.

Die deutsch-französische Künstlerin Gloria Friedmann ist für das Mahnmal verantwortlich. Es besteht aus insgesamt 90 Eisenstelen, verschiedene Pflanzen wachsen in Töpfen unterschiedlicher Höhe. Die Rosen, Brennnesseln und unterschiedlichen Heilkräuter sollen die verschiedenen religiösen, kulturellen und sozialen Hintergründe der Opfer symbolisieren. Ein großes Panoramabild des heutigen Hamburgs ist auf einem riesigen Betonklotz angebracht, hinter dem sich die Inschrift »1933« verbirgt.

Obwohl queere Menschen bei dem Mahnmal vor dem Oberlandesgericht nicht explizit erwähnt werden, gehören sie wie viele andere gesellschaftliche Gruppierungen ebenfalls zu den Opfern der Nationalsozialisten. Während es im ehemaligen Hamburger KZ Neuengamme (siehe Seite 122) und im restlichen Bundesgebiet gesonderte Gedenktafeln für die homosexuellen Opfer der NS-Zeit gibt, steht im öffentlichen Raum Hamburgs bis heute kein Mahnmal, das explizit queeren Opfern gedenkt. Eine Initiative bemüht sich allerdings seit Jahren darum – und hatte Erfolg. Schon bald soll ein Denkmal entstehen, das allen Menschen gewidmet ist, die aufgrund ihrer geschlechtlichen und / oder sexuellen Identität verfolgt oder diskriminiert wurden.

Adresse Hier + Jetzt – den Opfern nationalsozialistischer Justiz, Sievekingplatz, 20355 Hamburg | **ÖPNV** U-Bahnhof Messehalle, Linie U 2; Bushaltestelle Sievekingplatz, Linie 3, 602, X 35 | **Tipp** Nachdem ihr euch das Mahnmal angeschaut habt, solltet ihr euch Zeit für einen Spaziergang durch die Großen Wallanlagen nehmen und den Stress der Stadt mal kurz vergessen.

60 Das Metropolis Kino

Eine Filmnacht im Zeichen des Regenbogens

Es folgt eine weitere Kino-Empfehlung: das wunderschöne Metropolis. Das charmante Lichtspielhaus gleich neben der Staatsoper in der Hamburger Neustadt wurde nach einer langen Umbauphase wiedereröffnet. Betrieben wird es von dem Verein Kinemathek Hamburg e.V., der fast alle Filme in Originalfassung mit deutschen Untertiteln zeigt. Neben vielen spannenden Specials wird im alternativen Kino jeden letzten Montag im Monat ein Film mit LGBTIQ-Inhalt bei der Queerfilmnacht gezeigt.

Medien spielen eine wichtige Rolle im Abbau von Vorurteilen. Filme können mit dem Erzählen queerer Geschichten entweder Stereotype reproduzieren oder für mehr Akzeptanz sorgen. Da die Mehrheit der in Deutschland lebenden Menschen keinen Kontakt zu LGBTIQ-Menschen hat, ist es selbst heutzutage noch immer von großer Bedeutung, queeren Produktionen eine Bühne zu bieten.

In den letzten Jahrzehnten entschieden sich viele Formate dafür, queerfeindliche Klischees zu reproduzieren. Für LGBTIQ-Protagonist:innen waren häufig nur zwei Rollen vorgesehen: Witzfigur oder Bösewicht. Aber auch heute ist bei der Repräsentation von LGBTIQ-Menschen in Filmen und Serien noch viel Luft nach oben. Während amerikanische Streaming-Anbieter wie Netflix und Amazon Prime großen Wert auf Diversität legen, spielen queere Menschen in vielen deutschen Fernsehformaten noch immer keine bedeutende Rolle. Das bestätigen auch Studien: Queere Menschen sind in deutschen Fernsehproduktionen stark unterrepräsentiert, und das Geschlechterverhältnis ist nicht ausgewogen. Deutsche Medien bilden unsere vielfältige und bunte Gesellschaft also nicht gut ab; obwohl genau das ihr Job sein sollte. Aufgrund all dieser Schieflagen sind Veranstaltungen wie die Queerfilmnacht im Metropolis noch immer so wichtig und zeigen, welches Potenzial in queeren Medienproduktionen stecken kann.

Adresse Metropolis Kino, Kleine Theaterstraße 10, 20354 Hamburg | **ÖPNV** U-Bahnhaltestelle Gänsemarkt, Linie U 2; Bushaltestelle Gänsemarkt, Linie 4, 5, 19, 602, 603, 604, 605, 688 | **Öffnungszeiten** Programm auf www.metropoliskino.de | **Tipp** Sich vor der Vorstellung einen Salat im STADTSALAT (Große Theaterstraße 31–35) zusammenstellen und genießen.

61 Das mhc Café

Auf den Spuren Hirschfelds

Das Magnus Hirschfeld Centrum (siehe Seite 104) im Borgweg 8 ist ein Beratungs-, Kultur und Jugendzentrum für Lesben, Schwule, transgeschlechtliche Personen sowie queere Menschen allgemein. Projekte, Vereine und Initiativen wie die Aidshilfe Hamburg, der Lesbenverein Intervention e.V. und das Präventionsprojekt Hein & Fiete gingen aus dem Magnus Hirschfeld Centrum hervor. Zusätzlich gibt es im Zentrum ein eigenes Café, das neben einer üppigen Getränkeauswahl auch warme Speisen anbietet.

Die Progress Pride Flagge, die über dem Eingang an dem roten Backsteingebäude hängt, macht klar, dass sich das kleine Café als inklusiver Ort versteht, der die gesamte queere Community und ihre Freund:innen, unabhängig von Alter, Herkunft oder anderen Zuschreibungen willkommen heißen möchte. Und auch die Preise haben einen inklusiven Effekt: Ein Cappuccino kostet 2,30 Euro, eine Ofenkartoffel mit Kräuterquark gibt es schon für 3,50 Euro. Aber auch Kurze, Longdrinks und Sekt liegen im mhc Café unter den Hamburger Durchschnittspreisen, die mancherorts wirklich hoch sein können. Das Café kommt zwar nicht ganz so hipp daher wie andere Lokale, dafür kann es hier aber mindestens genauso lustig werden wie anderswo, wenn die Bude mal voll ist. Wenn das mhc nicht gerade durch Corona oder andere Umstände daran gehindert wird, bietet es ein kulturelles Programm und veranstaltet Theater, Musikveranstaltungen oder Vorträge.

Namensgeber Magnus Hirschfeld war ein Mann der Widersprüchlichkeiten. Schon früher vertrat er die Ansicht, dass der Gegensatz von Mann und Frau eine Erfindung sei und unterschied zwischen einer Vielzahl von körperlichen und geistigen Eigenschaften, die jeweils männlich oder weiblich geprägt sein können. Trotz seiner historischen Verdienste gilt Hirschfeld aber, vor allem aus heutiger Sicht, als umstritten, weil er der Eugenik zugeneigt war und einen allumfassenden Biologismus vertrat, mit dem er alles zu erklären versuchte.

Adresse mhc Café, Borgweg 8, 22303 Hamburg | **ÖPNV** U-Bahn-Haltestelle Borgweg, Linie U 3; Bushaltestelle Wiesendamm, Linie 600 | **Öffnungszeiten** Mo–Do 17.30–22.30 Uhr, Fr 17–2 Uhr | **Tipp** Sich ein Tretboot bei einem der nahe gelegenen Bootsverleihe ausleihen und die Sonne auf dem Kanal genießen.

62 Das MINUS

Gelato all night long

Wer sich auch nur ein bisschen mit schwuler Subkultur auskennt, checkt im MINUS ziemlich schnell, dass es sich hierbei um einen queerfreundlichen Laden handelt. Denn in der Bar im alternativen Karolinenviertel auf St. Pauli können die Kund:innen Twinks, Otter und Bears bestellen. Für alle, die mit diesen Begriffen nichts anfangen können: Twinks sind Männer, die schlank sind und jung aussehen; Bears sind bullige, behaarte Typen und Otter irgendwas dazwischen.

Das bedeutet jedoch nicht, dass hier Männer im Angebot sind – dafür aber leckere Eiscreme. Wer sich einen Twink bestellt, kann zwischen zwei Sorten, wer einen Otter bestellt zwischen drei und wer einen Bear bestellt zwischen vier Eissorten auswählen. Das Angebot wechselt wöchentlich. Mal gibt es Kirsch-Chili-, mal Minze-Brownie- und mal Erdnussbutter-Eiscreme zum Probieren. Doch das MINUS ist nicht nur ein Eiscafé, sondern auch eine stylische Bar. Cocktails, Wein und Draft-Bier können hier also auch getrunken werden. Kleines Highlight der Bar sind ohne Frage die Gelato-Shots, die aus Schnaps und der selbstgemachten Eiscreme gemixt werden. Am besten lassen die sich bei gutem Wetter auf einer der Bänke vor dem MINUS trinken. Denn auf dem Platz haben die Gäst:innen des MINUS einen wunderbaren Blick auf die schöne russisch-orthodoxe Gnadenkirche und den Hamburger Fernsehturm. In unregelmäßigen Abständen kommt es auch schon mal vor, dass am Wochenende DJs mit elektronischer Musik die Leute zum Tanzen animieren.

Eröffnet wurde das MINUS 2018 und zwar als kleine Schwester der M&V Bar in St. Georg. Bei dem großartigen Konzept kommt man allerdings nicht um die Frage herum, warum denn nicht schon früher jemand auf die Idee gekommen ist, dass ausgefallene Eiscreme-Sorten und Cocktails all night long wirklich hervorragend zusammen funktionieren. Aber natürlich gilt auch hier: besser spät als nie!

Adresse Karolinenstraße 6, 20357 Hamburg | **ÖPNV** U-Bahn-Haltestelle Feldstraße, Linie U 3; U-Bahn-Haltestelle Messehallen, Linie U 2 | **Öffnungszeiten** Mo, Di, Mi 16–1 Uhr, Do, Fr, Sa 16–2 Uhr, So 16–23 Uhr | **Tipp** Einen Spaziergang um die beeindruckende Russisch Orthodoxe Kirche des Heiligen Johannes von Kronstadt machen.

63__Miss Klang

Singen unter Frauen

Die Sonne ist ja eine super Sache. Nicht nur, weil sie das Leben auf dieser Erde erst ermöglicht, sondern auch, weil sie glücklich macht. Der glühende Stern im Zentrum unseres Sonnensystems lässt den Serotoningehalt in unserem Körper steigen. Blöd nur, dass sie in Hamburg so selten scheint. Mit rund 1.580 Stunden pro Jahr liegt das Bundesland im deutschlandweiten Vergleich an drittletzter Stelle. Zum Vergleich: In Bayern sind es 1.720 Stunden. Dennoch gehören die Hamburger:innen zu den glücklichsten Menschen in Deutschland. Das könnte auch daran liegen, dass es hier genug andere Möglichkeiten gibt, um den Glückshormon-Pegel steigen zu lassen.

Im Community-Center Barmbek°Basch können Frauen beispielsweise gemeinsam in der Chorgruppe »Miss Klang« singen – und das macht erwiesenermaßen glücklich. Einer Studie zufolge werden durch wöchentliches Singen die Werte des stresslindernden Hormons Oxytocin nach oben getrieben. Bei Miss Klang sind, das betont die Chorgruppe, lesbische und queere Frauen herzlich willkommen. Gegründet wurde sie unter der Leitung von Ulrike Lachmann 1991 und besteht heute aus rund 40 Frauen. Miss Klang sang unter anderem 2014 bei »Various Voices« in Dublin. Bei dem queeren Chor-Festival traten 76 Gruppen aus insgesamt 16 Ländern auf. Die Gruppe singt überwiegend a cappella, wird manchmal aber auch vom Klavier begleitet.

Miss Klang trifft sich zur Probe immer freitags im Barmbek°Basch. Hier, im Süden des Stadtteils Barmbek, finden sich auch zahlreiche weitere Angebote. Das 2010 errichtete Haus wird von sieben Einrichtungen getragen: der Kirchengemeinde Alt-Barmbek, dem Kinder- und Familienzentrum KiFaZ mit den Familienhebammen, der Bücherhalle Dehnhaide, dem Kulturpunkt, dem AWO-Seniorentreff, der Beratungsstelle Barmbek für Kinder, Jugendliche und Familien des Bezirks Hamburg-Nord und der Mütterberatung des Bezirks Hamburg-Nord.

Adresse Barmbek Basch, Wohldorfer Straße 30, 22081 Hamburg | **ÖPNV** U-Bahnstation Dehnhaide, Linie U 3; S-Bahn-Station Barmbek, Linie S 1, S 11 | **Öffnungszeiten** Mo – Do 8 – 18 Uhr, Probe Fr 17.30 Uhr | **Tipp** Auf dem Wochenmarkt Vogelweide frisches Gemüse und Blumen kaufen.

64 Die Mönckebergstraße

Mehr als eine Shoppingmeile

Die Mönckebergstraße findet sich wohl in fast jedem Hamburg-Reiseführer, denn sie ist eine der Haupt-Shoppingmeilen der Hansestadt. Wer Bekleidungs- oder Kosmetikgeschäfte sucht, ist hier genau richtig. Aber auch wenn es unter queeren Personen viele Shopping-begeisterte geben dürfte, hat es die Straße nicht wegen ihrer Läden in dieses Buch geschafft. Vielmehr bietet die Mönckebergstraße eine kleine, aber dafür umso feinere queere Geschichte.

Die Homosexuelle Aktion Hamburg ließ im Jahr 1973 mehrere Informationsstände in der Hamburger Innenstadt und an der Universität aufstellen, um Unterschriften gegen den berüchtigten Paragraphen 175 zu sammeln. Der Paragraph stellte Homosexualität über 120 Jahre lang unter Strafe. Der heutige Autor und Psychotherapeut Thomas Grossmann wollte sich das damals nicht gefallen lassen und stand auf der Mönckebergstraße, um die Menschen in Hamburg davon zu überzeugen, sich mit ihrer Unterschrift gegen das Unrecht des Paragraphen einzusetzen. Mit ihrer Aktion konnten Grossmann und seine Mitstreitenden das gewünschte Ziel zwar nicht erreichen; der Paragraph bestand nach dieser Aktion weiterhin. Aber immerhin wurde das Schutzalter von 21 auf 18 herabgesetzt.

Dass das Gesetz nicht abgeschafft wurde, frustrierte Grossmann damals. Sein Aktivismus und der Drang, Deutschland für die LGBTIQ-Community zum Besseren zu verändern, ließen ihn allerdings nicht ruhen. 1981 veröffentlichte Grossmann mit »Schwul – na und?« den ersten Coming-out-Ratgeber; das Buch mauserte sich zum Besteller. Auch wenn die Aktion an der Mönckebergstraße nicht vollends erfolgreich war, können wir uns heute glücklich schätzen, dass es Menschen wie Grossmann gibt und gab. Menschen, die sich trotz aller Widerstände öffentlich positionierten und für die Rechte der Communities kämpften. Für Rechte, die viele heute fast schon als selbstverständlich betrachten.

Adresse Mönckebergstraße, 20095 Hamburg | ÖPNV U-Bahnhof Mönckebergstraße, Linie U3; Bushaltestelle HBF/Mönckebergstraße, Linie 3, 5, 19, 606, 607, 608, 609, 610, 640, 641 | Tipp Das Chilehaus (Fischertwiete 2A) bewundern.

65__MR. CHAPS

Leder, Latex, Lube

Hamburger Lederenthusiast:innen dürfte dieser Shop in der Greifswalder Straße in St. Georg geläufig sein. Denn MR. CHAPS versorgt Fans des tierischen Stoffes bereits seit 1985 mit heißester Ware. Wer auf der Suche nach einem Harness oder einem Cockring aus Leder ist, ist hier an der richtigen Adresse. Im MR. CHAPS finden die Kund:innen auf 140 Quadratmetern allerdings auch Latexoutfits, Bundeswehr- und Uniformbekleidung, Piercingringe, Playroom-Ausstattung, Gummis und Gleitgel. Fetischliebhaber:innen jeglicher Couleur kommen hier also voll auf ihre Kosten. Und wem Nachhaltigkeit ein Anliegen ist: MR. CHAPS verfügt über ein großes Secondhand-Sortiment.

Wer keine Lust auf Massenware hat, kann sich in dem Shop im Stadtteil St. Georg Lederhosen, -gürtel und Co. auch maßanfertigen lassen. Den Kund:innen stehen dabei über 15 verschiedene Lederarten und Farben zur Auswahl. Die Einrichtung des Shops kommt im Industrial-Look daher. Passend zur Produktpalette ist die dominierende Farbe im MR. CHAPS schwarz. Sie ziert nicht nur die Klamotten und Accessoires, sondern teilweise auch die Wände. Komplettiert wird der Look durch Metallelemente, beispielsweise an den Treppenstufen und – natürlich – auch an diversen Produkten.

Als der Laden vor über 35 Jahren eröffnete, hatten Horst Menzen und Andrew Day die Geschäftsleitung inne. Die Idee für den Shop kam Horst Menzen, als er in der Bar Chaps bei der Wahl des MR. CHAPS zu Gast war. Doch die beiden mussten ihr Geschäft nach nur ein paar Jahren aufgeben – aus gesundheitlichen Gründen. 1989 hat Ingo Szogs übernommen, ist dann mit dem Laden ein paarmal umgezogen und hat ihn kontinuierlich um- und weitergebaut. Er ist auch heute noch Geschäftsführer und bietet darüber hinaus ein Apartment in St. Georg an, in dem Tourist:innen übernachten können. Ein perfekter Startpunkt, um das queere Hamburg zu erkunden.

Adresse MR. CHAPS, Greifswalder Straße 23, 20099 Hamburg | **ÖPNV** S- und U-Bahn-Haltestelle Hauptbahnhof, Bushaltestelle Gurlittstraße, Linie 6, 17, 18, 607 | **Öffnungszeiten** Mo, Fr, Sa 11–19 Uhr, Di, Mi, Do 14–19 Uhr | **Tipp** Einen Kaffee oder ein Mittagessen in dem gemütlichen, veganen und vegetarischen Café Koppel (Koppel 66, Lange Reihe 75) genießen, das schon seit 33 Jahren existiert.

66 Die M&V Bar

Don't forget flirting in bars

Bei einem Spaziergang über die Lange Reihe im wunderschönen Hamburger St. Georg solltet ihr euch auf einen Drink in der M&V Bar niederlassen – egal zu welcher Uhrzeit. Die queere Bar ist der optimale Ort zum Verweilen und um das Treiben im Stadtteil zu beobachten. M&V war früher allen Menschen in Hamburg als Marke bekannt. Die Hamburger Großdestillation produzierte Alkohol und eröffnete überall in der Stadt eigene Lokale, in denen M&V-Produkte verkauft und angeboten wurden. Hinter der Marke standen die Gründer Ernst Mulzer und Wilhelm Voelkel. Übrig geblieben ist heute nur noch die Bar in der Langen Reihe, die von Stefan Hornauer geleitet wird.

Die Bar gehört klar erkenntlich zur LGBTIQ-Community und ist vor allem bei schwulen Männern beliebt. Doch der Schriftzug am Eingang macht klar: Die Bar steht allen offen. Das M&V kann den ganzen Tag über besucht werden – ob zum Kaffee am Mittag, zum Aperol Spritz am Nachmittag oder zum Gin Tonic in der Nacht. »Das Leben ist an manchen Tagen nur im Rausche zu ertragen«, so soll das Motto der beiden M&V-Gründer gewesen sein. Dieser Lebenseinstellung fühlen sich Stefan Hornauer und sein Team auch heute verpflichtet. Deshalb versuchen sie, die Idee der Gründer am Leben zu halten.

Während andere Bars herkömmliche Getränkekarten an Barbesuchende herausgeben, verteilen die Kellner:innen im M&V ein Magazin. Darin befinden sich neben der Getränkeliste Fotos und Zeichnungen, die für Gesprächsstoff am Tisch sorgen. Das Magazin, das mittlerweile bereits in der sechsten Version erschienen ist, kann natürlich mitgenommen und als Erinnerungsstück aufbewahrt werden. Das Personal ist freundlich, das Publikum gut gelaunt. Die Einrichtung ist dunkel gehalten, und im hinteren Teil der länglichen Bar rotieren zehn silber- und goldfarbene Discokugeln. Besonders zu empfehlen ist das »Fucking Lecker«: ein fassgereifter Negroni-Shot.

Adresse M&V Bar, Lange Reihe 22, 20099 Hamburg | **ÖPNV** U-Bahn-Haltestelle Hauptbahnhof Nord, Linie U 2, U 4; Bushaltestelle HBF/Kirchenallee, Linie 6, 17, 18, 607 | **Öffnungszeiten** täglich 17–2 Uhr | **Tipp** Die Eigenkreationen der M&V-Bar unbedingt probieren: den Hasensperma-Shot. Der Name klingt zwar nicht verlockend, schmeckt dafür aber richtig gut.

67__Mystery Hall

24 Stunden, 7 Tage die Woche

Gleich gegenüber des ältesten schwulen Pornokinos Deutschlands, dem Sex Kino No. 8 (siehe Seite 178), befindet sich die direkte Konkurrenz. Was die Betreibenden davon halten, wissen wir zwar nicht. Die Besuchenden dürfte es aber freuen: Wenn also in der Nummer 8 mal nichts läuft, können sie gleich in die Mystery Hall springen und schauen, wer sich hier so rumtreibt. So mysteriös wie der Name des Etablissements es andeutet, ist es hier allerdings gar nicht. Ganz im Gegenteil. Es ist ziemlich offensichtlich, was die Hallen des Sexshops und Cruising-Lokals zu bieten haben: Im vorderen Bereich der Mystery Hall wird alles verkauft, was Menschen zum Ausleben ihrer sexuellen Phantasien benötigen: Sexspielzeuge, Fetisch-Outfits, verschiedene Gleitgele, Fett zum Fisten und vieles mehr. Was gleich ins Auge sticht: In den Regalen des Sexshops gibt es eine beachtliche Auswahl an XXXL-Dildos, die in dieser Form wohl an keinem Menschen zu finden sein dürften. Doch viele kommen hier nicht zum Shoppen her, sondern wegen des hinteren Bereichs des Ladens. Eine unscheinbare Tür auf der rechten Seite führt in die dunklen Hallen des Sexkinos. Dort befinden sich Gloryholes und der hauseigene Darkroom, in dem rund um die Uhr Pornos laufen.

In der Mystery Hall, die 1999 ihre Eröffnung feierte, können Besuchende 24/7, also rund um die Uhr, nach Spaß suchen; der Laden schließt wirklich nie. Gereinigt wird dann wohl immer wieder zwischendurch, wenn gerade nicht viel los ist. Was die Mystery Hall von anderen Cruising-Kinos unterscheidet: Sie veranstaltet jeden ersten Donnerstag im Monat einen L-Day. Zwar ist der Verkaufsbereich eher auf die Bedürfnisse von Männern ausgerichtet. Doch am L-Day dürfen schwule Männer mal ausnahmsweise nicht kommen. Dann werden im Kino ausschließlich Lesbenpornos gezeigt, und lesbische Frauen können sich im Darkroom vergnügen.

Adresse Mystery Hall, Talstraße 3–5, 20359 Hamburg | ÖPNV S-Bahn-Station Reeperbahn, Linie S 1, S 2, S 3, S 21; Bushaltestelle Davidstraße, Linien 16, 37, 111, 112, 601, 607, 608, 609, 610, 641, 688 | Öffnungszeiten rund um die Uhr | Tipp Beim kraweel (Paul-Roosen-Straße 6) vorbeischauen und eine Kaffeepause einlegen.

68 Nachtasyl

Run away, turn away, run away

Auf queeren Partys dominieren definitiv zwei Musikrichtungen: Entweder legen die DJs trashigen Mainstream-Pop auf. Dann ist die Party meist verspielt, bunt und möchte nicht mehr sein als ein Ort, an dem Feiernde Spaß haben. Oder die DJs legen Techno auf. Oftmals umgibt diese Partys etwas Düsteres und nicht selten auch Sexuelles. Doch in der Theaterbar und dem Club Nachtasyl hat sich eine beliebte Party etabliert, die weder in die eine, noch in die andere Kategorie fällt. Bei der Veranstaltungsreihe mit dem Namen DARE liegt der Fokus auf den Musikgenres Italo-Disco, Dance Classics, Pop und Wave. Statt Britney Spears, Mariah Carey und Christina Aguilera wird im Nachtasyl dann eher so etwas wie Depeche Mode, New Order und Bronski Beat gespielt. Die 1980er Jahre dienen bei dieser Party also nicht als Steilvorlage für Klamauk, fragwürdige Frisuren und schrille Outfits, sondern werden als Jahrzehnt der Qualitätsmusik gefeiert und ernst genommen. Die Song-Auswahl der DJs macht Spaß, regt an und und ist auf jeden Fall tanzbar. Auf Madonna, die Ikone der 1980er Jahre, muss aber auch bei DARE meistens nicht verzichtet werden.

Das Team hinter der Partyreihe bezeichnet die Veranstaltung als »80's Party for gays and friends«. Ein Besuch lohnt sich hier nicht nur wegen der Musik und der Stimmung, sondern auch wegen der Location zwischen Binnenalster und Mönckebergstraße: Die Feiernden tanzen unter dem Dach des wunderschönen Thalia Theaters; die hohe Decke mit den zahlreichen herabhängenden Glühbirnen ist definitiv auch etwas fürs Auge. Ein Besuch im Nachtasyl lohnt sich übrigens nicht nur, wenn die DARE-Party stattfindet. Hier können Besuchende auch spannenden Lesungen lauschen. Im unterliegenden Thalia Theater finden Vorführungen statt. Vor einem Besuch lohnt sich aber auf jeden Fall ein Blick auf die Website. Dort werden alle aktuellen Veranstaltungen gelistet.

Adresse Nachtasyl, Alstertor 1–5, 20095 Hamburg | **ÖPNV** U-Bahn-Haltestelle Rathaus, Linie U 3; Bushaltestelle Gerhard-Hauptmann-Platz, Linie 5 | **Öffnungszeiten** Veranstaltungen unter www.thalia-theater.de/ueber-uns/spielstaetten/nachtasyl | **Tipp** Einen leckeren Burger im Shiso Burger (Bugenhagenstraße 23) futtern.

69 Der Neue Wall

Die Zeit der 175er

Nicht weit vom Jungfernstieg und dem Hamburger Rathaus entfernt, in der Innenstadt am Neuen Wall Ecke Stadthausbrücke, war früher das Amt für »Fürsorge für sittlich gefährdete Frauen und Mädchen« untergebracht und ab 1927 außerdem die »Weibliche Kriminalpolizei«. Während Hitler an der Macht war, arbeitete die Polizeistelle eng mit der NSDAP und der SS, der Schutzstaffel, zusammen.

Wie in vielen anderen Ländern weltweit, in denen homosexuelle Handlungen kriminalisiert waren, wurden sexuell aktive lesbische Frauen in Deutschland nicht strafrechtlich verfolgt – im Gegensatz zu schwulen Männern. Während schwuler Sex illegal war und als Straftat galt, war lesbischer Sex zumindest rein formell legal. Das bedeutete aber nicht, dass homosexuelle Frauen nicht dennoch diskriminiert und verfolgt wurden. Sie galten damals als pervers und sexuell verwahrlost. Da sie nicht nach dem Paragraphen 175 verurteilt werden konnten, gab die Polizei einfach andere Gründe als die sexuelle Orientierung an.

Gleich gegenüber des Amts auf der anderen Seite der Brücke befand sich eine Gestapo-Zentrale, in der Verfolgte von den Nationalsozialisten brutal misshandelt wurden. Darunter waren auch viele schwule Männer, die während des Nazi-Regimes unter Paragraph 175 verurteilt wurden. Nach Kriegsende wurden diese Männer häufig nicht aus der Haft entlassen, sondern von den Konzentrationslagern gleich in ein deutsches Nachkriegsgefängnis gebracht. Statt Entschädigungszahlungen zu gewährleisten, ging die Verfolgung für schwule Männer also lückenlos weiter. Queere Menschen gehören auch bis heute zur letzten von den Nazis verfolgten Gruppe, die noch nicht im Gleichbehandlungsartikel des Grundgesetzes aufgenommen wurden. Bei einem Spaziergang über die Stadthausbrücke kann man den verfolgten homosexuellen Männern und Frauen gedenken – denn auch dieses dunkle Kapitel ist Teil von Hamburgs Geschichte.

Adresse Stadthausbrücke / Neuer Wall, 20355 Hamburg | **ÖPNV** S-Bahn-Station Stadthausbrücke, Linie S 1, S 2, S 3; Bushaltestelle Rödingsmarkt, Linie 3, 601, 607, 608, 609, 610, 641, X 80 | **Tipp** Auf einen Drink in der Weinstube Tagliere e Vino vorbeischauen (Große Bäckerstraße 4, 20095 Hamburg).

70 Die Olivia Jones Bar

Drag vom alten Schlag

Deutschlands wohl bekannteste Dragqueen betreibt auf der Großen Freiheit gleich mehrere Schuppen. Einer davon ist die Olivia Jones Bar. Daneben macht die selbsternannte Königin von St. Pauli so ziemlich alles: Sie betreibt Lokale, moderiert TV-Shows, nimmt an Trash-TV-Formaten teil, bietet Kieztouren an, nimmt Songs auf, hält ihr Gesicht in so ziemlich jede Kamera, die ihr in die Quere kommt, und hat an der 16. Bundesversammlung im Jahr 2017 teilgenommen. Die Fotos von Olivia Jones neben Angela Merkel machten nicht nur in deutschen Medien die Runde. Zwar nervt die Omnipräsenz der Dragqueen sicherlich die ein oder andere Person. Doch gleichzeitig sorgt Olivia Jones so bereits seit Jahrzehnten für Repräsentation der queeren Community und bringt einer breiten Masse ein Stückchen queere Kultur näher.

Den Zeitgeist der Millennials und der Generation Z trifft die kultige Dragqueen zwar wahrscheinlich nicht mehr. Dass unterschiedliche Generationen verschiedene Standpunkte vertreten, ist aber wohl völlig normal. Die Situation queerer Menschen in Deutschland ist heute eine andere und nicht vergleichbar mit der Zeit, in der Olivia Jones sozialisiert wurde. Deshalb hat die Drag-Szene in Deutschland mittlerweile auch mehr Gesichter zu bieten als noch vor 20 Jahren. In Städten wie Hamburg, Köln oder Berlin gibt es vielfältige und spannende Dragqueens, die ihr Publikum zu unterhalten wissen.

Ein Abend in der Olivia Jones Bar auf St. Pauli, die die Kiezlegende bereits 2008 eröffnete, kann trotzdem lustig sein. Aber für queere Hipster dürfte der Laden der Albtraum sein. Immerhin sind die Wände mit eingerahmten Bildern der Dragqueen und anderer deutscher A- bis Z-Promis gepflastert. Das Publikum grölt und tanzt zu alten Schlagern, während es kichernd »Geschlechtsverkehr« bei den Kellner:innen bestellt – ein Shot-Trio, das in der Bar angeboten wird.

Adresse Olivia Jones Bar, Große Freiheit 35, 22767 Hamburg | **ÖPNV** S-Bahn-Haltestelle Reeperbahn, Linie S 1, S 2, S 3; Bushaltestelle Große Freiheit, Linie 601, 607, 608, 609, 610, 641, 688 | **Öffnungszeiten** So–Do ab 20 Uhr, Fr ab 19 Uhr, Sa ab 18 Uhr | **Tipp** Stöhnen statt singen in der Porno Karaoke Bar von Olivia Jones in der Großen Freiheit 27B.

71 Die Palette-Gedenktafel

Das Bürgertum muss draußen bleiben

»Komm mit mir in die Palette. Die kennst du nicht? Das ist das tollste Lokal der Welt. In der Palette gibt es alles. Die Palette ist das Beste, was es in Hamburg gibt. Es lohnt sich wieder, in Hamburg zu leben, weil es die Palette gibt«, schreibt Hubert Fichte in seinem 1968 erschienenen Roman, der natürlich den Namen »Die Palette« trägt. Doch was hat es mit diesem Lokal auf sich, von dem der Autor so schwärmte; dem er sogar ein ganzes Buch widmete?

Die Palette, die Anfang der 1950er Jahre in der Hamburger Neustadt eröffnet hatte, war eine schummrige Kellerbar in der ABC-Straße. Es war eine Bar für alle Unangepassten, für die Hamburger Bohème, für alle, die keine Lust auf miefende Bürgerlichkeit hatten. Heute würde man dieser Bar wahrscheinlich die Bezeichnung Underground verpassen. Ein Wort, das im Hamburg der 1950er und 1960er Jahre wohl kaum geläufig gewesen sein dürfte.

Die Palette war keine Bar, die ein ausschließlich queeres Publikum anzog. Hier trafen im Hamburg der Nachkriegszeit Sexarbeiter:innen auf Lebenskünstler:innen, Homosexuelle und Menschen verschiedener Geschlechter auf Beatniks. Und genau über dieses Potpourri an Menschen schrieb Fichte seinen Roman, in dessen Mittelpunkt sein Alter Ego Jäcki steht. In dem Buch werden die Begegnungen der schwulen Hauptfigur mit eben jenen Besucher:innen der verruchten Kellerbar beschrieben, die verschiedenen Eindrücke, die skurrilen Szenen, die sich dort unten im Keller abspielten. Es sind Begegnungen aus dem echten Leben, beobachtet von Hubert Fichte, der ein großer Fan des Lokals war und als Stammgast galt. Das Buch kam beim Publikum gut an und gilt bis heute als Fichtes erfolgreichstes Werk. Das Lokal gibt es allerdings nicht mehr, es musste im Jahr 1964 schließen. Doch heute erinnert neben dem Marriott-Hotel in der ABC-Straße eine Gedenktafel an die Hamburger Kultkneipe.

Adresse Gedenktafel an der ABC-Straße, 20354 Hamburg | ÖPNV U-Bahnstationen: Gänsemarkt, Linie U2; Stephansplatz (Oper/CCH), Linie U1 | Tipp Spaziergang zum Gängeviertel, um sich dort in die Geschichte einzulesen.

72 Die Party 136 Grad

Bloß nicht an morgen denken

Die bunt-kitschige WunderBar ist der perfekte Ort für kopflosen Spaß. Und weil die Betreibenden der Szenebar auf St. Pauli wissen, wie eine gelungene Nacht aussehen muss, leiten sie nicht nur die WunderBar, sondern veranstalten auch eine eigene Party mit dem Namen 136 Grad im Club moondoo. Die Veranstaltungsreihe soll vor allem Männer ansprechen, die (auch) auf Männer stehen. Das merkt man gleich an den muskulösen halbnackten Tänzern, die dort performen. Aber nicht nur die lassen das Oberteil gern mal in der Garderobe, sondern auch die Gäste. Wer auf ein bisschen Testosteronüberschuss und oberkörperfreie Typen steht, ist hier also genau richtig. Auch bei dieser Party sind natürlich alle queeren und queerfreundlichen Menschen willkommen. Anders als in der WunderBar bekommen die Besuchenden hier allerdings keinen trashigen Pop und erst recht keinen Schlager, sondern House zu hören. Damit sieht sich die Party als Gegenpol zum Mainstream.

Aufgelegt hat auch schon die lesbische DJ Ellen Pitch, die das EscapeDiem in St. Georg betreibt und selbst am liebsten Partys wie 136 Grad besucht, auf denen sich die Männer »so schön herausputzen«, wie sie sagt. Das Flirt- und Abschlepp-Potential auf dieser Party ist auf jeden Fall hoch. Wer nach der Feierei nicht allein nach Hause möchte, hat hier also gute Chancen, die Party nicht allein, sondern zu zweit (oder dritt) zu verlassen.

Das Motto der Party lautet: Bloß nicht an morgen denken. Der Hedonismus findet nicht im Erdgeschoss des moondoos statt, sondern im Keller. Der Club auf der Reeperbahn 136 sticht allerdings abgesehen von der queeren Partyreihe der WunderBar nicht gerade durch queere Veranstaltungen hervor. Dafür wird hier aber so ziemlich jede Musikrichtung aufgelegt: von Techno über Rock'n'Roll bis Dubstep und Afrobeats versucht das moondoo, wirklich jeden Musikgeschmack zu treffen.

Adresse Moondoo, Reeperbahn 136, 20359 Hamburg | ÖPNV S-Bahnhof Reeperbahn, Linie S 1, S 2, S 3; Bushaltestelle Davidstraße, Linien 16, 37, 111, 112, 601, 607, 608, 609, 610, 641, 68) | Öffnungszeiten Programm unter www.moondoo.de | Tipp Einen Kaffee-to-Go im Café MAY (Hein-Hoyer-Straße 14) schnappen und zum Bismarck-Denkmal spazieren.

73 Die Piccadilly Bar

Eine schwule Zeitreise

Die winzige Schwulenkneipe auf dem Kiez ist Kult. In der Silbersacktwiete versteckt sich die Piccadilly Bar, die in den 1960er Jahren der einzige Ort für viele homosexuelle Männer war, an dem sie ihre Liebe zu anderen Männern zeigen konnten. Während früher das alleinige Betreten einer Schwulenbar gefährlich war, ist heute vieles anders. Schwule Männer können mittlerweile heiraten, über Gay-Bars hängen Regenbogenflaggen. Das Piccadilly, das sich in einem Backsteinwohnhaus befindet, öffnet hingegen noch immer fast täglich seine Tore. Vor ein paar Jahren feierten die Inhaber das 60. Jubiläum. Der Betreiber Uwe Burmester, der die Bar mit seinem Ehemann leitet, bezeichnete das Piccadilly deshalb in der Hamburger Morgenpost als Dinosaurier, weil das Lokal allein aufgrund seiner Historie noch Berechtigung habe. Heute würde eine Kneipe dieser Art vermutlich nicht mehr öffnen.

Der Look des sympathischen Lokals auf St. Pauli unterscheidet sich deutlich von anderen Bars auf dem Kiez. Im alten Wirtshaus mit rotem Interieur fühlt man sich eher wie im Wohnzimmer von Oma Helga – unter der Voraussetzung, dass Helga eine Sammlerin ist und ihr Wohnzimmer mit allerlei Krimskrams vollstopft. Denn im Lokal stehen und hängen überall Hunderte von Kaffeekannen. Daneben gibt es Tassen und kleine Puppen, die die Stimmung der Bar ausmachen. In anderen Ecken finden sich alte Flyer und Poster von queeren Demonstrationen oder Veranstaltungen aus der Vergangenheit und machen deutlich, wie weit die Geschichte des Lokals zurückreicht. Ein Abend im Piccadilly fühlt sich deshalb auch ein bisschen an wie eine Zeitreise ins schwule Hamburg der 1960er und 1970er Jahre.

Während früher lediglich Männer herein durften, steht die Tür mittlerweile allen offen. Auch Promis wie Marianne Rosenberg, Costa Cordalis oder Max Raabe haben ihre Nächte in der charmanten Schwulenbar verbracht.

Adresse Silbersacktwiete 1, 20359 Hamburg | ÖPNV Bushaltestelle Davidstraße, Linie 16, 111, 112, 601, 607, 608, 609, 610, 641, 688; S-Bahn-Haltestelle Reeperbahn, Linie S1, S2, S3, S21 | Öffnungszeiten Mi–Sa 20–0 Uhr | Tipp Einen Blick auf die Flyer und Poster aus einer vergangenen Zeit werfen und sich das Leben damals vorstellen.

74 Das Polizeirevier

Als Unrecht Recht war

Zur Zeit der staatlichen Schwulenverfolgung versuchten nicht nur Vertreter der Exekutive homosexuelle Männer zu finden, sondern auch Hamburger Bürger. Einige heterosexuelle Männer wählten den Weg der Selbstjustiz und machten in Hamburg Jagd auf Schwule, indem sie so taten, als suchten sie nach Sex. Sie flirteten mit ihnen und lockten sie damit in eine perfide Falle. Oftmals verprügelten sie ihre Opfer und brachten sie anschließend zur Polizei.

In der Polizeiwache wurden sie dann aufgrund des homofeindlichen Paragraphen 175 angezeigt und anschließend zu Straftätern. Diese perverse Taktik wurde als »Schwulenklatschen« bezeichnet und von der Hamburger Polizei sogar begrüßt. »Für heute ist Schluss, Jungs, bringt morgen mehr«, soll ein Polizist der Wache in der Feldbrunnenstraße laut internen Dokumenten 1947 zu den Homohassern gesagt haben.

Obwohl es den Paragraphen heute nicht mehr gibt und viele der Opfer zumindest auf dem Papier rehabilitiert sind, hat diese staatliche Homofeindlichkeit tiefe Wunden in die Biografien Tausender Männer gerissen und unzählige Leben zerstört. In der Zeit des Nationalsozialismus wurden schwule Männer häufig in ein KZ gesteckt – selbst wenn sie sich freiwillig kastrieren ließen. Es ist davon auszugehen, dass mindestens 10.000 schwule Männer in Konzentrationslager gebracht wurden. Die Zahl der Verurteilungen nach Paragraph 175 vervielfachte sich in Hamburg von 103 im Jahr 1932 auf 1.095 im Jahr 1936. Die große Mehrheit der schwulen Männer – 80 Prozent – überlebte die Konzentrationslager nicht. Diejenigen, die überlebten, wurden nach dem Fall der Nazis nicht etwa freigelassen, sondern in ein nachkriegsdeutsches Gefängnis gebracht. Dort mussten sie den Rest ihrer Strafe absitzen. Noch im Jahr 1957 bestätigte das Bundesverfassungsgericht, dass der unsägliche Paragraph mit dem deutschen Grundgesetz vereinbar wäre.

Adresse Feldbrunnenstraße 16, 20148 Hamburg | ÖPNV Bushaltestelle Fontenay, Linie 19, 114, 605; S-Bahn-Haltestelle Dammtor, Linie S 11, S 21, S 31, Bus: SEV | Tipp Zu MOHO'S – Home of Barista (Schlüterstraße 12) schlendern.

75 Das Pulverfass Cabaret

Denn Pride ist jeden Tag

Das traditionsreiche Cabaret Pulverfass, das sich gleich bei der S-Bahn-Station mitten auf der Reeperbahn befindet, hat bereits eine lange Geschichte hinter sich und war nicht immer der Laden, der er heute ist. Zunächst war das Theater gar nicht auf St. Pauli, sondern in St. Georg. In der Straße Pulverteich fing vor mehr als fünf Jahrzehnten alles an und zwar anfangs noch als Striptease-Lokal.

Als Heinz-Diego Leers das Pulverfass von seinem Vater übernahm, wollte er daraus eine Discothek machen. Zur Eröffnung lud er Travestie-Künstler:innen ein, die heute eher als Dragqueens und -kings bezeichnet werden. Diese kamen beim Publikum so gut an, dass er das Pulverfass gleich danach in ein Travestie-Lokal verwandelte. Doch der Erfolg blieb zunächst aus, weil Travestie-Künstler:innen damals noch nicht so beliebt waren wie heute.

Im Jahr 2001 zog das Pulverfass mit seinem Programm, das von Comedy über Musikeinlagen bis hin zu Striptease reichte, dann auf die Reeperbahn. Im Pulverfass sammelte die Hamburger Kult-Dragqueen Olivia Jones ihre ersten Bühnenerfahrungen. Das Cabaret wurde letztendlich so bekannt, dass sich im Publikum über die Jahre Promis wie Udo Lindenberg oder Andrea Berg blicken ließen.

Das Kult-Cabaret, das laut eigener Aussage Europas größtes Travestie-Theater sein soll, fiel dann beinahe der Corona-Pandemie zum Opfer, weil der erkrankte Betreiber keine Corona-Hilfen erhielt. Er fand dann aber mit Maximilian Protsch einen neuen Besitzer, dem er das Pulverfass mitten in der Pandemie verkaufte und der das in die Jahre gekommene Cabaret erstmal renovieren ließ. Der Wirtschaftspsychologe und neue Intendant will das Pulverfass verändern und künftig noch wilder und politischer machen. Der Anspruch des Art Directors Christian Schäfer ist es, die Vielfalt der Community täglich zu zelebrieren und seinen persönlichen Christopher Street Day im Cabaret zu feiern.

Adresse Pulverfass, Reeperbahn 147, 20359 Hamburg | **ÖPNV** S-Bahn-Station Reeperbahn, Linie S 1, S 2, S 3, S 21; Bushaltestelle Davidstraße, Linien 16, 37, 111, 112, 601, 607, 608, 609, 610, 641, 688 | **Öffnungszeiten** Programm unter www.pulverfasscabaret.de | **Tipp** Auf ein Stück Kuchen beim Café kraweel (Paul-Roosen-Straße 6) vorbeischauen.

76 Die queere Bibliothek

Gender Trouble

Gender Studies sehen sich einer Vielzahl an Vorwürfen ausgesetzt: Sie seien keine Wissenschaft, sie wollten die Menschen geschlechtslos machen. Und natürlich wollten sie uns alle queer machen (wobei wir jetzt auch nicht wirklich wissen, was daran eigentlich so schlimm wäre. Na ja.)

Wer solche Vorwürfe erhebt, sollte sich zuallererst klarmachen, dass es *die* Gender Studies überhaupt nicht gibt. So wie bei jeder anderen Wissenschaft auch, gibt es innerhalb der Gender Studies verschiedene Strömungen und Denkrichtungen. Es gibt Theorien, die koexistieren, obwohl sie für den gleichen Sachverhalt sich widersprechende Erklärungen bieten. Aber das Schöne an Vorurteilen ist ja, dass man selbst in der Lage ist, ihnen auf den Grund zu gehen. Wer also die Gender und Queer Studies für ganz großen Quatsch hält, kann der Zentralen Bibliothek Frauenforschung, Gender und Queer Studies in Hamburg-Rotherbaum mal einen Besuch abstatten. Nicht nur als Student:in darf man sich hier der Literatur von Judith Butler, Kimberlé Crenshaw und Co. hingeben. Insgesamt umfasst der Bibliotheksbestand über 20.000 Medien, darunter Bücher, Zeitschriften und Archivmaterial. Die Bibliothek steht allen Interessierten offen und bietet dafür zehn Lese- sowie zwei Computerplätze. Falls die Bibliothek mal voll sein sollte, denn ganz so groß ist sie nicht, können sich alle, die wollen, ihre Wunschliteratur natürlich auch ausleihen.

Einfach mal auf gut Glück vorbeikommen, sollte man hier aber besser nicht. Die kleine Bibliothek, die sich mehr wie ein gemütliches Wohnzimmer als eine Bücherei anfühlt, hat lediglich dreimal die Woche geöffnet. Dafür könnt ihr euch ohne Ausweis kostenlos die Bücher ausleihen, die euch interessieren, oder in den gemütlichen Räumen so lange stöbern und arbeiten, wie ihr wollt – oder solange die Bibliothek eben geöffnet ist.

Adresse Monetastraße 4, 20146 Hamburg | **ÖPNV** U-Bahn-Station Schlump, Linie U2, U3; Bus-Station Bundesstraße, Linie 4, 15 | **Öffnungszeiten** Di, Mi und Do 10–16 Uhr | **Tipp** Mit einem passenden Buch durch das schicke Viertel Rotherbaum bis zur Außenalster spazieren und sich irgendwo auf dem Weg einen gemütlichen Platz suchen.

77 Der queere Konvent

Aufbruchstimmung

Religion und Queersein gelten häufig als Widerspruch. Das liegt vor allem am feindlichen Umgang verschiedener Glaubensgemeinschaften mit Menschen, die abseits der Heteronormativität leben. Doch bei einigen aus der Community ist der Glaube so stark, dass sie an ihrer Religion festhalten. Sie wünschen sich, genauso behandelt zu werden wie alle anderen Gläubigen. Nils Christiansen ist einer von ihnen. Er ist Pastor und einer der beiden Sprecher des Konvents der schwulen und lesbischen Theolog:innen der Evangelisch-Lutherischen Kirche in Norddeutschland.

Als er sich vor mehr als 20 Jahren auf eine Pfarrstelle in Hamburg bewarb, sei er ausdrücklich aufgrund seiner sexuellen Orientierung abgelehnt worden. Man könne ihn nicht mit Jugendlichen arbeiten lassen, so die Leitung. Dass er aufgrund seiner Homosexualität mit Pädophilie in Verbindung gebracht wurde, konnte er nicht akzeptieren. Deshalb kämpft er seit 30 Jahren für die Rechte von LGBTIQ-Menschen.

Die Nordkirche ist mit rund zwei Millionen Mitgliedern die fünftgrößte Landeskirche in der Evangelischen Kirche in Deutschland, ihr Gebiet reicht vom südlichen Dänemark bis zur polnischen Grenze und umfasst die deutschen Bundesländer Schleswig-Holstein, Mecklenburg-Vorpommern, Brandenburg und Hamburg. Der Michel gehört ebenfalls zur Nordkirche. Seit 1991, als Nils anfing, sich für Homo-Rechte einzusetzen, hat sich vieles geändert. Was in der katholischen Kirche undenkbar scheint, ist für viele evangelischen Landeskirchen möglich: Homosexuelle Paare sind heterosexuellen Paaren gleichgestellt – in den Pfarrhäusern, im Dienst- und Beamt:innenrecht, in Vergütung und Versorgung. Die Nordkirche setzte dies aufgrund eines Antrags des Konvents um. Seit 2019 dürfen homosexuelle Paare sogar getraut, statt nur gesegnet werden. Erfolge, die alle auf die Arbeit des Konvents zurückgehen.

Adresse Büro in der Königstraße 54, 22767 Hamburg | ÖPNV Bushaltestelle Rathaus Altona Linie 15, 2, 111, 112, 113, 215 | Öffnungszeiten Gottesdienste und anstehende Veranstaltungen unter www.nordkirche.de | Tipp Kleine Reise zu den britischen Royals? Auf einen Tee beim Eaton Place Café und Tearoom (Bahrenfelder Straße 80–82) vorbeischauen.

78 Die Regenbogenflaggen

So schön bunt hier

Wer über die Lange Reihe flaniert, sieht sie an jeder Ecke: Regenbogenflaggen. Manche in den klassischen Farben Rot, Orange, Gelb, Grün, Blau und Violett. Manche mit den Farben Schwarz und Braun sowie Blau, Rosa und Weiß, um People of Color und transgeschlechtliche Menschen zu repräsentieren. Diese neueren Flaggen, auch Progressive Pride Flaggen genannt, sollen auf marginalisierte Gruppen innerhalb der queeren Community aufmerksam machen. Auf St. Pauli hingegen sieht man viele Flaggen mit einem Totenkopf. Der symbolisiert natürlich keine Gruppe der queeren Community, sondern den unangepassten Fußballverein St. Pauli.

Unumstritten sind die Pride-Flaggen allerdings nicht. Zum einen sind da natürlich die reaktionären Rechten, denen alles Leben abseits des Heteronormativen ein Dorn im Auge ist. Zum anderen ist es die Omnipräsenz der Flagge, an der sich viele, auch innerhalb der Community, stören. Denn Unternehmen, die sich nie um queere Belange geschert haben, schmücken sich neuerdings, pünktlich zum Pride Month mit den Regenbogenfarben. Pinkwashing wird diese PR-Strategie auch genannt.

Doch die Regenbogenflaggen, die vor den queeren Lokalen und von den Balkonen der Menschen in Hamburg hängen, haben damit, in den meisten Fällen, nichts gemein. Sie schmücken das Stadtbild und machen Besuchenden wie Einheimischen klar, dass Hamburg eine weltoffene und tolerante Stadt ist. An dieser Stelle soll die Hansestadt zwar nicht überhöht werden: Natürlich hat auch Hamburg bis heute mit Homo- und vor allem auch Transfeindlichkeit zu kämpfen. Und dennoch zeigen die vielen Farben in der Stadt, dass sich die queere Community nicht unterkriegen lässt. Dass sie keine Angst davor hat, sichtbar zu sein. Dass sie bereit ist, den Kampf gegen die Rückwärtsgewandtheit und Queerfeindlichkeit aufzunehmen. Denn wir waren schon immer da – und werden es immer sein.

Adresse Lange Reihe, 20099 Hamburg | **ÖPNV** Bushaltestelle Gurlittstraße, Linie 6, 17, 18, 607; U-Bahn-Haltestelle Lohmühlenstraße, Linie U 1 | **Tipp** Beim Spaziergang durch St. Pauli und St. Georg auf die Balkone der Bezirke achten und sich über die Solidaritätsbekundungen freuen.

79_Der Regenbogen-Zebrastreifen

Bunt, wohin man geht

In St. Georg gibt es seit ein paar Jahren neue Straßenzonen, in denen Autofahrende nur noch mit einem Tempo von 30 Stundenkilometern unterwegs sein dürfen. Bei solch geringen Geschwindigkeiten sind Zebrastreifen laut deutscher Straßenverkehrsordnung nicht vorgeschrieben. Deshalb entfernte die Polizei in Hamburg-St. Georg die Zebrastreifen, die hier zuvor noch notwendig und nützlich waren.

Da es in St. Georg aber viele Schulen gibt und deshalb täglich zahlreiche Schüler:innen unterwegs sind, wollte der Bezirk die Aufmerksamkeit der Autofahrenden auch ohne Zebrastreifen aufrechterhalten und bestenfalls steigern. Die Hamburger Verwaltung wurde also kreativ: Seit 2019 gibt es mehrere sogenannte Regenbogen-Markierungen, die rechtlich aber wirklich gar nichts mit einem Zebrastreifen zu tun haben. Deutsche Bürokratie kann so schön sein!

Auch wenn die Streifen rechtlich keine Aussagekraft haben, hofft Bezirksamtsleiter Falko Droßmann, dass dadurch Unfälle verhindert werden. Zugegebenermaßen: Die Entstehungsgeschichte ist nicht sonderlich queer, doch allen Beteiligten muss wohl klar gewesen sein, dass der Regenbogen seit mehreren Jahrzehnten für die Gleichberechtigung und Akzeptanz von Menschen abseits der heterosexuellen Norm steht. Die neue bunte Straßenmarkierung fügt sich damit gut in den queeren Bezirk St. Georg ein, wo ohnehin überall Pride-Flaggen hängen. Hamburg ist aber nicht die einzige und auch nicht die erste Stadt, die sich für die Regenbogen-Straßenmarkierung entschied. Mittlerweile gibt es viele Städte weltweit, die auf bunt statt Schwarz-Weiß setzen. Neben Berlin und Hamburg wurden einzelne Straßen im Zeichen der Akzeptanz auch in Wien, Salzburg oder London bemalt. In Wien gibt es auch eine Straße, die die Farben der Transgender-Flagge trägt.

Adresse Regenbogen-Zebrastreifen, Rostocker Straße 20, 20099 Hamburg | ÖPNV Lohmühlenstraße, Linie U 1; Bushaltestelle Böckmannstraße, Linie 16, 608 | Tipp Die Mittagspause bei Gao Kitchen (Lange Reihe 81) verbringen.

80_Der Revolt-Shop

Mit Liebe zur Sache

In der Clemens-Schultz-Straße 77 in Hamburg wurde 1976 schwule Geschichte geschrieben. Im Keller des unauffälligen Gebäudes auf St.Pauli eröffneten Michael Hartleben und sein Freund Wolfgang Stadler Europas allerersten Sex-Shop, der sich ausschließlich an schwule und bisexuelle Männer richtete und diese als Kunden wollte. In dem Laden namens Revolt-Shop gingen damals zum ersten Mal in Europa US-amerikanische »Falcon«-Filme und Schwulen-Magazine wie »Advocate« über den Tresen. Die vielfältige Produktauswahl sorgte dafür, dass der Sexshop nach kurzer Zeit schon so beliebt war, dass die Betreiber anfingen, die angrenzenden Kellerräume und die darüberliegenden Wohnungen zusätzlich zu mieten.

Im Jahr der Eröffnung fand im Revolt-Shop die erste »Tom of Finland«-Ausstellung statt, bei der die homoerotischen Originalzeichnungen und Gemälde des finnischen Künstlers ausgestellt wurden. Der progressive Shop und die Tatsache, dass schwule Männer so offen zu ihrer Sexualität standen, gefiel aber natürlich nicht allen in Hamburg. Deshalb gab es auch negative Reaktionen auf Werbeanzeigen des Shops in Zeitungen. Die Sexshop-Betreiber ließen sich davon aber nie unterbekommen. Im Laufe der Zeit legten sie einen kleinen Buchshop und ein Porno-Kino an, in dem die neusten Streifen liefen und die Besucher selbst Hand anlegen konnten.

Nachdem die ersten Meldungen über Aids in Deutschland auftauchten, entschieden sich Michael und Wolfgang allerdings dazu, das Kino zu schließen. In dieser Zeit brachten die Betreiber eine Aufklärungsbroschüre heraus, die sie kostenlos an Kunden verteilten. Der Revolt-Shop war zu dieser Zeit ein wichtiger Ort für schwule Männer, um Informationen zur Krankheit zu erhalten und um Kondome zu kaufen. 1993 starb Wolfgang an Aids und drei Jahre später, am 31. März 1996, schloss sein Partner den Laden für immer.

Adresse Clemens-Schultz-Straße 77, 20359 Hamburg | ÖPNV U-Bahnstation St. Pauli, Linie U3; Bushaltestelle Hein-Hoyer-Straße, Linie 601, 607, 608, 609, 610, 641, 688 | Tipp In der Clemens-Schultz-Straße 17 gibt es eine der wenigen Oldschool-Fotokabinen.

81 Die Rote Flora

Wem gehört die Stadt?

Die Rote Flora im Hamburger Schanzenviertel ist ein autonomes Kulturzentrum und bereits seit 1989 besetzt. Die Betreibenden bezeichnen sich selbst als »beliebter politischer Störfaktor im Stadtteil und darüber hinaus«. Die Hamburger Politik würde dieser Selbstbeschreibung sicherlich zustimmen.

Es fing alles im Jahr 1987 an, als bekannt wurde, dass das millionenschwere Musical »Phantom der Oper« in das Gebäude der Flora ins Schanzenviertel ziehen sollte. Nachdem die Bauarbeiten anfingen, besetzten Aktivist:innen kurzerhand die Baustelle. Nur wenig später zogen sich die Investor:innen zurück. Seit der Besetzung folgte ein Streit dem anderen, sowohl intern als auch extern. Es wurden ein LKA-Spitzel, ein V-Mann und mehrere verdeckte Ermittlerinnen geschickt – die Flora steht trotzdem noch. Die Homepage der Gruppe zeichnet die Chronik der Entwicklungen in der Flora nach und bildet das Geschehen und die Diskussionen über und innerhalb der Flora detailliert ab – all diese Geschichten könnten mehrere Bücher füllen. Wer sich einliest, stellt fest: Langweilig war es hier nie.

Doch abseits all der Auseinandersetzungen, berechtigten Kritik und politischen Kämpfe hat sich die Flora schon lange im Schanzenviertel etabliert. Hier gibt es nicht nur kulturelle Veranstaltungen, sondern auch Partys. Den Betreibenden der Flora gefällt es sicherlich nicht, dass sie mittlerweile in Reiseführern empfohlen werden, aber die Flora ist bei einem Hamburg-Trip definitiv einen Besuch wert. Laut Chronik gab es bereits in den 1990er Jahren schwul-lesbische Partys mit Darkrooms, in denen Schwulenpornos gezeigt wurden. Heute wird jedes Jahr zum Christopher Street Day die Solidaritätsparty Queer Flora veranstaltet, bei der Geld für queere Zwecke gesammelt wird. Es lohnt also, sich selbst ein Bild von dem beliebten politischen Störfaktor namens Rote Flora zu machen.

Adresse Rote Flora, Schulterblatt 71, 20357 Hamburg | **ÖPNV** S-Bahnhof Sternschanze, Linie A 1, S 11, S 21, S 31; U-Bahnhof Sternschanze, Linie U 3 | **Öffnungszeiten** Programm auf www.rote-flora.de/programm | **Tipp** Mittagessen bei YONG korean (Schulterblatt 92).

82 Der Schanzenpark

Dort, wo alles seinen Anfang nahm

Der Hamburger Schanzenpark, der unmittelbar neben dem hippen Schanzenviertel liegt, dient heute hauptsächlich zum Verweilen und für Spaziergänge. Im Sommer sind die Grünflächen rund um den Wasserturm ein beliebter Treffpunkt unterschiedlichster Menschen. Dann finden hier auch mal Konzerte und Open-Air-Kinovorstellungen statt – nichts erinnert dabei mehr an die geschichtsträchtige Nacht des 28. Juni 1980.

Deutschland in den 1980er Jahren: Homosexualität gilt offiziell als Krankheit, und die Aids-Krise bremst alle erreichten Fortschritte für schwule Männer. Im Park, der nach dem ehemals größten Wasserturm Europas benannt ist, findet 1980 Hamburgs allererste Stonewall-Demonstration statt. Die Menschen in der Hansestadt wollen nicht mehr länger akzeptieren, dass Männer, die Sex mit Männern haben, durch den damals noch gültigen Paragraphen 175 strafrechtlich verurteilt werden. Sie organisieren deshalb eine Demonstration nach US-amerikanischem Vorbild.

11 Jahre zuvor, am 28. Juni 1969, hatte die queere Community mit den Stonewall-Riots in New York City bereits für Aufsehen gesorgt. Die Besucher:innen der Bar Stonewall-Inn wollten sich die staatliche Willkür und polizeilichen Razzien nicht weiter gefallen lassen. Deshalb lieferten sie sich eine mehrtägige Straßenschlacht mit den Beamten. Die Menschen aus dem Stonewall-Inn wurden danach zu Ikonen der Widerstandsbewegung, bis heute finden weltweit Pride-Paraden in Erinnerung an diese Nacht statt. Auch in Hamburg eskalierte die Situation: Beamte zückten Schlagstöcke, sprühten Reizgas – und verletzten dabei zahlreiche Demonstrierende. Das blieb nicht folgenlos: Die Medien schlugen sich auf die Seite der Aktivist:innen und kritisierten die Sicherheitsbeamten für ihr Vorgehen. So wurde Hamburgs erste Stonewall-Demonstration zum Erfolg im Kampf für gleiche Rechte.

Adresse Schanzenpark, Schröderstiftstraße, 20357 Hamburg | ÖPNV S- und U-Bahnhof Sternschanze, Messe, Linie A 1, S 3, S 11, S 21, S 31, U 3 | Tipp Sich mit einem Buch irgendwo in der Nähe des Schanzenturms niederlassen.

83 Das Schauspielhaus

Ein Hamburger Skandal

Das Deutsche Schauspielhaus in St. Georg ist das größte Sprechtheater Deutschlands; der Saal fasst 1.200 Menschen. 1928 löste Ferdinand Bruckner, der eigentlich Theodor Tagger hieß, mit einer Theateraufführung einen riesigen Skandal aus. Der Autor setzte sich mit seinem Stück namens »Die Verbrecher« dafür ein, dass der Paragraph 175, der homosexuelle Handlungen kriminalisierte, abgeschafft wird. Gleichzeitig kritisierte er die Regelungen für Schwangerschaftsabbrüche und die Todesstrafe.

Das Drama wurde zu einem der aufsehenerregendsten Stücke der Weimarer Republik, die sich mit Homosexualität auseinandersetzten – und war ein echter Erfolg: Innerhalb von nur vier Monaten fanden 111 Aufführungen statt. Während es bei den Aufführungen in Berlin und München keine Probleme gab, entwickelte sich in Hamburg ein waschechter Skandal.

Im Saal waren Rechtsradikale anwesend, die anfingen, die Aufführung durch Schreien und Grölen zu stören – nur um anschließend sogar mit Stinkbomben, Juck- und Niespulver um sich zu werfen. Das Stück musste deshalb unterbrochen werden. Da der Regierungsdirektor der Polizeibehörde zufällig im Saal anwesend war, ließ die Polizei nicht lange auf sich warten. So konnte nach 45 Minuten wieder weitergespielt werden. Vor der Tür des Hamburger Schauspielhauses kam es später erneut zu einem Polizeieinsatz, bei dem auch Abgeordnete der NSDAP festgenommen wurden.

Bruckner beziehungsweise Tagger recherchierte im Berliner Lokal Eldorado die schwule Community, um die Männer im Stück möglichst realistisch darstellen zu können. Er war der Sohn eines jüdischen Bankkaufmanns aus Bulgarien und musste 1933 nach Paris emigrieren, wo er ein Stück über Hitlers Verfolgungsmaßnahmen schrieb. 1936 flüchtete er in die USA und kehrte 1953 nach West-Berlin zurück. An seine früheren Erfolge konnte er nicht mehr anknüpfen.

Adresse Kirchenallee 39, 20099 Hamburg | **ÖPNV** U-Bahn-Haltestelle Hauptbahnhof-Nord, Linie U2, U4; Bushaltestelle HBF/Kirchenallee, Linie 6, 17, 18, 607 | **Öffnungszeiten** Spielplan auf www.schauspielhaus.de | **Tipp** Einen Spaziergang über den Steindamm, um sich irgendwo Falafel im Brot zu schnappen.

84 Das Schmidt-Theater

Einer, der Spiegel zerschlägt

Corny Littmann ist ein Hamburger, den man kennen muss. Der gebürtige Münsteraner war früher LGBTIQ-Aktivist und demonstrierte bereits beim ersten Christopher Street Day 1980 gegen die Diskriminierung Homosexueller. Nur wenige Tage später führte er einer breiten Öffentlichkeit das Ausmaß der Schwulenbespitzelung vor: Littmann zerschlug Spiegel in öffentlichen Toiletten, hinter denen sich Überwachungseinrichtungen der Polizei befanden. Damit konnte er beweisen, dass die Exekutive noch immer sogenannte Rosa Listen führte, auf denen schwule Männer erfasst wurden. Kurze Zeit später wurden alle Einrichtungen dieser Art in Hamburg für immer beseitigt.

Heute ist Littmann Schauspieler, Regisseur und führt ein kleines Theater-Imperium: das Schmidt-Theater am Spielbudenplatz auf St. Pauli, das nur wenige Meter entfernte Schmidts Tivoli und das wesentlich kleinere Schmidtchen. Das Schmidt Theater wurde am 8. August 1988 eröffnet und befindet sich mitten auf der Reeperbahn, gleich neben dem Polizeikommissariat 15, das als Davidwache bekannt wurde. Die Theater werden normalerweise komplett ohne staatliche Förderung finanziert. Theatermacher Littmann entwickelte sich über die letzten Jahrzehnte zu einer Legende auf St. Pauli. In seinen drei Veranstaltungsorten finden insgesamt mehr als 1.200 Menschen Platz, während der Vorführungen darf gegessen und getrunken werden. Kellner:innen kommen vor der Veranstaltung zum Platz und nehmen die Bestellung auf.

Deutschlandweit wurde Littmann unter seinem Pseudonym Herr Schmidt aus der Schmidt Mitternachtsshow bekannt, die er gemeinsam mit Marlene Jaschke und der queeren Hamburger Ikone und Olivia-Jones-Entdeckerin Lilo Wanders moderierte. Die Show sorgte das ein oder andere Mal für einen kleinen Skandal. So hielt Littmann einmal ein Plakat der Deutschen Aidshilfe in die Kamera, auf der zwei Männer beim Oralsex zu sehen waren.

Adresse Spielbudenplatz 27–28, 20359 Hamburg | ÖPNV S-Bahnhof Reeperbahn, Linie S 1, S 2, S 3; Bushaltestelle Davidstraße, Linien 16, 37, 111, 112, 601, 607, 608, 609, 610, 641, 68 | Öffnungszeiten Programm auf www.tivoli.de | Tipp Nach der Vorstellung eine leckere und preiswerte Pizza in der Pizzeria Alt Hamburg (Hans-Albers-Platz 3) genießen.

85 Das Sex-Kino No. 8

Selbst Hand anlegen

Die meisten Pornos hierzulande werden geschaut in: Hamburg! In keinem anderen deutschen Bundesland ist der Pro-Kopf-Konsum so hoch wie in der Hafenstadt. Das muss wirklich was heißen in einem Land, in dem täglich Millionen von Menschen Pornoseiten aufrufen. Unter den 30 Websites, die hierzulande am meisten besucht werden, finden sich gleich vier Pornoseiten. Durch die ständige Verfügbarkeit von Sex auf dem Bildschirm wirkt ein Pornokino fast schon aus der Zeit gefallen. Dabei gibt es sie noch, die verstaubten Establishments, in denen die Besuchenden Geld bezahlen, um sich einen Streifen anzuschauen, sich selbst zu befriedigen oder das auf der Leinwand Gezeigte gleich nachzumachen.

Das Pornokino, das wohl als Erstes seiner Art Schwulenpornos in Deutschland zeigte, befindet sich in Hamburg in der Talstraße 8. Ein Besuch fühlt sich ein bisschen wie eine Zeitreise an. Der Betrieb läuft schon seit mehr als 40 Jahren, und seither wurde die Einrichtung vermutlich auch nicht ausgetauscht. Einrichtung heißt hier aber, abgesehen von den Pornos im Eingangsbereich, nicht mehr als Stühle vor Leinwänden und dunkle Räume, in denen Männer Sex haben können – und zwar rund um die Uhr.

Schon von Anfang an zeigte das zweistöckige Gay-Lichtspielhaus Hetero- und Schwulenpornos. Heterofilmchen laufen seither auf der linken Seite, Schwulenpornos auf der rechten Seite des Kinos. Der Eintritt ist nur Männern gestattet. Einmal drin, darf man bis zu zwölf Stunden bleiben – oder innerhalb der zwölf Stunden wiederkommen. Erlaubt ist dann hinter dem Tresen alles, im Keller gibt es dazu noch ein Andreaskreuz, einen Darkroom und einen klebrigen Fußboden. Hier geht also wirklich immer was, falls woanders auf der Reeperbahn mal nichts mehr gehen sollte. Laut einem Mitarbeiter sei das Besondere, dass das Kino von jedermann besucht werde, von »Männern im feinsten Zwirn und auch von Ledertypen.«

Adresse Sex-Kino No. 8, Talstraße 8, 20359 Hamburg | **ÖPNV** S-Bahn-Station Reeperbahn, Linie S 1, S 2, S 3, S 21; Bushaltestelle Davidstraße, Linien 16, 37, 111, 112, 601, 607, 608, 609, 610, 641, 688 | **Öffnungszeiten** rund um die Uhr | **Tipp** Die Schmidt-Theater sind gleich um die Ecke (Programm auf www.tivoli.de).

86 Der Sievekingplatz

Unrecht unvorstellbaren Ausmaßes

Zwischen den Großen und Kleinen Wallanlagen befindet sich das Hamburger Landesgericht beim Sievekingplatz, in dem zahlreiche Prozesse wegen »Vergehen« gegen den Paragraphen 175 und 175a geführt wurden. Die Räume des Gerichts wurden so zum Schauplatz des Kampfes gegen die »öffentliche Unsittlichkeit«. Der homofeindliche Paragraph existierte zwischen 1872 und 1994 und wurde unter den Nazis 1935 verschärft. Während vorher nur Sex bestraft wurde, reichte zu dieser Zeit auch ein Kuss oder ein Blick. Schon der Verdacht konnte dazu führen, für mehrere Jahre ins Gefängnis zu kommen.

Viele schwule Männer hofften, dass mit dem Ende des Naziregimes auch die Verfolgung Homosexueller enden würde. Stattdessen wurde die homofeindliche Gesetzgebung, die bereits vor der Zeit des Nationalsozialismus bestand, in den westlichen Besatzungszonen und später in der Bundesrepublik Deutschland einfach fortgeführt. Das Bundesverfassungsgericht bestätigte am 10. Mai 1957 sogar die Rechtmäßigkeit des Paragraphen, weil »gleichgeschlechtliche Betätigung eindeutig gegen das Sittengesetz verstößt«. In der Nachkriegszeit war Hamburg die westdeutsche Stadt mit der höchsten Quote an Straftaten nach Paragraph 175.

In der DDR wurde der Paragraph 175 zwischen 1957 und 1968 nur in abgemilderter Form angewendet und anschließend komplett gestrichen. In der BRD änderte sich der Paragraph durch eine erste Reform im Jahr 1969. Danach waren homosexuelle Handlungen zwischen erwachsenen Männern über 21 straflos. Trotz der Streichung in der DDR waren Diskriminierung und Ausgrenzung weiterhin allgegenwärtig. Anders als im Osten entwickelte sich in der BRD aber bereits vor der ersten Reform und trotz staatlicher Verfolgung eine lebendige Schwulenszene. In Hamburg erschienen in den 1950er Jahren fast alle deutschen Schwulenzeitschriften, und in keiner anderen westdeutschen Stadt existierten so viele Freundschaftslokale.

Adresse Landesgericht Hamburg, Sievekingplatz, 20355 Hamburg | ÖPNV U-Bahnhof Messehalle, Linie U 2; Bushaltestelle Sievekingplatz, Linie 3, 602, X 35 | Tipp Einen Spaziergang vom Sievekingplatz Richtung Karolinenviertel machen und einen Kaffee oder eine japanische Bentobox im CAFE BY DOKUWA genießen (Marktstraße 21).

87_Das Spund

Einmal Kult, immer Kult

Am 3. September 1974 wurde in Hamburg ein Stück schwule Geschichte geschrieben: In der Mohlenhofstraße 3 in der Hamburger Innenstadt wurde mit dem Café Spund das allererste schwule Tanzcafé der Bundesrepublik eröffnet. Bis heute öffnet das unprätentiöse Lokal regelmäßig seine Türen und ist damit mehr als 45 Jahre nach seiner Eröffnung eines der wenigen Schwulenlokale von damals, die es noch gibt – mittlerweile jedoch unter neuer Leitung.

Doch beginnen wir von vorne: Seine Eröffnung feierte das Café unter der Leitung von Jürgen Hauptmann. Der Hamburger wurde bereits mit 13 Jahren von seiner Mutter aufgrund seiner Homosexualität zum Arzt geschickt. Doch der selbstbewusste Hauptmann stand schon im Teenageralter zu seiner sexuellen Orientierung und konnte auch kein Problem darin erkennen, dass er auf Männer stand. Als Erwachsener übernahm er dann zuerst das Hamburger Spundloch, in dem er eine Tanzfläche einrichtete und St. Georg um eine Schwulendisco bereicherte. Da Hauptmann irgendwann aber keine Lust mehr hatte, nachts zu arbeiten, entstand die Idee für ein Café, in dem auch getanzt werden sollte.

Die Besuchenden des Spunds unterschieden sich von denen anderer Schwulenlokale. Seit seiner Eröffnung zog das beliebte Tanzcafé ein durchmischtes Publikum an. Deshalb trafen hier schon immer viele heterosexuelle Männer und Frauen aufeinander und mischten sich unter die schwulen Gäste. Wenn man der Homepage des Cafés glauben mag, soll in den 1980er Jahren sogar Freddie Mercury, der schwule Frontmann der Kultband Queen, das Hamburger Spund besucht haben. Mittlerweile hat Hauptmann das Zepter abgegeben und mischt im Spund nicht mehr mit. Doch auch mit dem neuen Betreiber Gil Velasco ist das Café mit seiner unprätentiösen Oldschool-Einrichtung, der gut bestückten Cocktailkarte und dem kleinen Garten bei einem Hamburg-Trip einen Besuch wert.

Adresse Café Spund, Mohlenhofstraße 3, 20095 Hamburg | ÖPNV U-Bahn-Haltestelle Steinstraße, Linie U 1; Bushaltestelle Jakobikirchhof, Linie 6, 16, 17, X 35, X 80 | Öffnungszeiten Mo–Sa 14–24 Uhr, Feiertage 15–21 Uhr, Happy Hour 15–17 Uhr | Tipp Richtig gutes koreanisches Essen gibt's im SEOUL 1988 (Mohlenhofstraße 7).

88 Das Stadthaus

Ort der Schande

Das Hamburger Stadthaus ist ein recht schmuckes Gebäude an der Stadtbrücke. Es ist zwar nicht beeindruckend, aber dennoch hübsch anzusehen und fügt sich gut in die schicken Restaurants, Wohnungen und Shops der Umgebung ein. Von außen erinnert also erst einmal nichts an die grauenvolle Vergangenheit, die diesem Gebäude anhaftet. Denn während der NS-Zeit, bis zum Jahr 1943, dienten die Stadthöfe als Zentrale der Kripo, der Geheimen Staatspolizei und der Ordnungspolizei. Zudem war das Polizeipräsidium hier untergebracht. Vom Stadthaus aus wurden zum einen Menschen verfolgt. Es wurden hier aber auch Menschen hingebracht, die nicht in das Weltbild der Nazis passten: Jüd:innen, Sinti:zze und Rom:nja, Homosexuelle. Bei ihren Verhören gingen die Polizisten mit äußerster Brutalität vor, folterten und ermordeten ihre Opfer.

Zu Beginn der NS-Zeit war das Dezernat F 36 der Kriminalpolizei für die Verfolgung von Homosexuellen in Hamburg verantwortlich. Zu dieser Zeit ging man noch mit einer gewissen Nachlässigkeit gegen schwule Männer vor – zumindest für damalige Verhältnisse. Die Kripo hatte eher schwule Sexarbeiter im Blick. Diese »Schonung« änderte sich jedoch, als ab 1936 das Gestapo-Sonderkommando die Verfolgung übernahm. Von da an wurden zahlreiche Lokale geschlossen und Hunderte Männer verhaftet. Sie setzten ihre Opfer so lange unter Druck, schickten sie in Isolationshaft und folterten sie, bis sie die Identität anderer homosexueller Männer preisgaben. Diese Methoden waren für die Beamten effektiver als regelmäßige Razzien.

Anschließend, bis zum Zusammenbruch des nationalsozialistischen Regimes, übernahm die Kriminalpolizei die Verfolgung der homosexuellen Männer. Das bedeutete für die unschuldigen Verfolgten jedoch keineswegs ein weniger hartes Vorgehen seitens der Exekutive, denn die Kripo orientierte sich am Vorgehen des Sonderkommandos.

Adresse Stadthausbrücke, Stadthausbrücke 4, 20355 Hamburg | ÖPNV S-Bahn-Station Stadthausbrücke, Linie S 1, S 2, S 3, S 21; U-Bahn-Station Rödingsmarkt, Linie U 3 | Tipp Die Dauerausstellung »Das Stadthaus im Nationalsozialismus. Eine Zentrale des Terrors« in den Stadthöfen besuchen. Sie wurde von der KZ-Gedenkstätte Neuengamme erarbeitet.

89 Der St. Anscharplatz

Über Hamburgs dunkle Zeit

Wenn man heute durch das Gängeviertel am Valentinskamp spaziert, fallen einem die Fachwerkhäuser und die enge Bebauung auf. Früher gab es viele solcher Viertel, in denen überwiegend ärmere Familien lebten. Nach einer Cholera-Epidemie wurden die meisten Gängeviertel abgerissen und durch Viertel mit breiteren Straßen ersetzt. Aber das Viertel am Valentinskamp erinnert noch heute an das alte Hamburg. Heute leben hier viele Kunstschaffende und Kreative, die der Gegend ihren Stempel aufdrücken.

Dort, wo heute der St. Anscharplatz ist, gab es einmal ein bekanntes Tanzcafé namens Bohème. Das Lokal warb schon für Tanzveranstaltungen, als der Paragraph 175 des deutschen Strafgesetzbuches gültig war, der sexuelle Handlungen zwischen Männern unter Strafe stellte. Die Höchststrafe wurde in der Zeit des Nationalsozialismus von sechs Monaten auf fünf Jahre Gefängnis verschärft und das Strafmaß in besonders schweren Fällen auf bis zu zehn Jahre Zuchthaus gesetzt. Doch selbst nach der NS-Herrschaft hielt die Bundesrepublik weiterhin am Paragraphen fest. Erst 1994 wurde er vollständig aufgehoben – bis dahin wurden etwa 140.000 Männer verurteilt, 50.000 von ihnen nach 1949. Nach der NS-Zeit entwickelte sich eine große homosexuelle Kneipenszene in Hamburg. In dieser Zeit wurden schwule Männer zwar nicht mehr ins KZ gesteckt, die Verfolgung ging aber dennoch weiter. Das Hamburger Bezirksamt Mitte erließ ein Gesetz, das es in dieser Form so nirgendwo sonst gab.

Die Hamburger Verwaltung entschied am 4. November 1960 ein sogenanntes Tanzverbot, das es Männern in Lokalen wie dem Bohème untersagte, miteinander zu tanzen. Das Gesetz geht auf den damaligen Leiter der Kriminalabteilung II zurück, Dr. Günther Freytag. Er bemühte sich um die Verfolgung homosexueller Männer und wollte mit dem Verbot die wirtschaftliche Existenz der Lokale zerstören.

Adresse Valentinskamp 57, 20355 Hamburg | ÖPNV Bushaltestelle Dragonerstall, Linien 3, 602, 607, 688, X35; U-Bahnhof Gänsemarkt, Linie U2 | Tipp Junge Hamburger Kunst im Raum linksrechts anschauen. Infos unter www.raumlinksrechts.com.

90 Startschuss

Auf die Plätze, fertig, queer

Sich synchron mit anderen auf der Yogamatte räkeln oder gemeinsam auf dem Fußballplatz kicken, tut nicht nur dem Körper gut, sondern kann auch den Zusammenhalt fördern. Doch auch im Fitnessstudio und erst recht im Fußballverein sind queere Menschen nicht vor Diskriminierung geschützt. Das zeigen nicht nur die homofeindlichen Hasskommentare bei Spielen im Stadion und der Fakt, dass sich bis heute kein aktiver Profifußballspieler in Deutschland geoutet hat.

16 Prozent der aktiven Sportler:innen in Deutschland machen laut dem Lesben und Schwulenverband Deutschland negative Erfahrungen aufgrund ihrer sexuellen und/oder geschlechtlichen Identität. Von diesen Personen berichten ganze 21 Prozent sogar von körperlicher Gewalt. Deswegen braucht es für queere Menschen auch beim Sport immer noch Safer Spaces.

In Hamburg gibt es mit »Startschuss« einen Sportverein von und für die LGBTIQ-Community. Die Auswahl an Sportarten ist dabei durchaus beträchtlich. Von Bowling, über Kung-Fu bis hin zu Rudern ist für viele Vorlieben etwas dabei. Willkommen sind sowohl Freizeit- als auch Leistungssportler:innen. So sind beispielsweise Badminton-Teams von Startschuss in der Hamburger Mannschaftsmeisterschaft und in der Hamburger Freizeitliga vertreten. Einmal im Jahr veranstaltet der Verein den Hamburg Queer Cup. Bei dem Schwimmwettkampf treten Teams aus ganz Europa gegeneinander an. Beim Hamburg Queer Cup geht es aber nicht ausschließlich sportlich zu. Der Wettkampf punktet auch mit seinem Rahmenprogramm, zu dem unter anderem eine Drag-Performance gehört. Und auch eine Abschlussparty.

Auf der Website können sich Interessierte über die angebotenen Sportarten informieren. Wer keine passende gefunden hat, kann das Kontaktformular nutzen. Haben sich genug Interessen:tinnen gemeldet, könnte schon bald ein neues Team entstehen.

Adresse Startschuss, Pulverteich 21, 20099 Hamburg | **ÖPNV** U-Bahnhof Hauptbahnhof Süd, Linie U 1, U 3 | **Öffnungszeiten** Angebot auf www.startschuss.org | **Tipp** Gleich am Pulverteich bleiben, denn hier gibt es zahlreiche Orte für Queers zu entdecken.

91 Der Stolperstein für Liddy

Eine Hamburger Heldin

Liddy Bacroff, die bis 1929 unter männlichem Namen auftrat, hatte kein einfaches Leben. Sie wuchs bei ihren Großeltern in Ludwigshafen auf und galt als schwer erziehbar, weshalb sie in ein Erziehungsheim gesteckt wurde. In den 1920er und 1930er Jahren hatte sie bereits Vorstrafen gesammelt und kam mehrere Male, unter anderem aufgrund »widernatürlicher Unzucht« nach Paragraph 175, ins Gefängnis. 1929 zog sie zuerst nach Berlin und anschließend nach Hamburg, wo sie nur noch Liddy genannt wurde. Dort tanzte sie auf Bühnen und war als Sexarbeiterin tätig.

Wie in ihrer Heimatstadt folgten auch in Hamburg mehrere Haftstrafen, im Jahr 1936 erstmals aufgrund »gewerbsmäßiger Unzucht«. Im Gefängnis schrieb sie Texte, die einen Einblick in ihre Gefühlswelt und das Leben von damals abseits der Heteronorm geben. Um sich der ständigen polizeilichen Überwachung zu entziehen, zog sie nach der Haftentlassung 1938 mit gefälschten Dokumenten in die Simon-von-Utrecht-Straße 79, die früher noch Eckernförderstraße hieß. Danach fahndete die Polizei steckbrieflich nach ihr.

Die Freiheit war nur von kurzer Dauer. Schon zwei Monate später wurde sie festgenommen, weil der Polizeiwache vertraulich gemeldet wurde, dass sich in einem Lokal »ein Mann in Frauenkleidung« aufhalte. Beim Verhör sprach Liddy offen über ihr Leben, die Sexarbeit und darüber, »ein Mannweib« zu sein. 1938 stellte Liddy einen Antrag auf »freiwillige Kastration«, der von einem Gerichtsmediziner abgelehnt wurde. Stattdessen empfahl er, Liddy aus der Volksgemeinschaft auszuschließen. Deshalb wurde sie im gleichen Jahr vom Landgericht Hamburg zu drei Jahren Zuchthaus und anschließender Sicherungsverwahrung verurteilt. 1943 wurde Liddy im KZ Mauthausen ermordet. Ihre Geschichte zeigt eindringlich, wie queeres Leben in Deutschland früher systematisch verfolgt und ausgeschaltet wurde.

Adresse Simon-von-Utrecht-Straße 79, 20359 Hamburg | ÖPNV Bushaltestelle Kleine Seilerstraße, Linie 601, 607, 608, 609, 610, 641, 688; U-Bahn-Haltestelle St. Pauli, Linie U3 | Tipp Ein Stück Kuchen im Café Miller (Detlev-Bremer-Straßc 16) genießen.

92 Der Strand bei Wedel

Auf der Suche

Anonymer Sex hat bei schwulen Männern Tradition und war lange Zeit sogar notwendig, um staatlicher Verfolgung zu entgehen. Homosexuelle Handlungen waren in Deutschland bis 1994 teilweise kriminalisiert. Gleichgeschlechtlicher Sex konnte Männer jahrelang ins Gefängnis und zur NS-Zeit sogar ins KZ bringen. Das bedeutete, dass es über einen langen Zeitraum wenige Möglichkeiten für schwule Männer gab, einen Partner zu finden. Das ist auch eine Erklärung dafür, weshalb sich öffentliche Orte für die Suche nach Sex etablierten – und bei manchen Männern auch heute noch beliebt sind, obwohl es inzwischen Bars, Saunen, Apps und viele andere Möglichkeiten gibt, mit anderen Männern in Kontakt zu treten.

Die Hetlinger Schanze, die in schwulen Foren auch häufig als »Strand bei Wedel« bezeichnet wird, ist einer dieser Orte. Hier treffen sich Hamburger zum Cruisen, also zum meist anonymen (oder in manchen Fällen auch verabredeten) Sex. In der Gegend rund um den charmanten Strand im Hamburger Elbvorland empfiehlt es sich, ein Fahrrad dabei zu haben. Am Strand entspannen aber nicht nur schwule Männer, sondern auch viele Fans der Freikörperkultur, die Lust auf Baden haben. Wenn ihr im Naturschutzgebiet Haseldorfer Binnenelbe, wo sich der offizielle FKK-Strand befindet, also nach einem kleinen Abenteuer sucht, sollte euch klar sein, dass manche Strandbesucher:innen wirklich nur zum Baden oder Sonnen hier sind.

In Deutschland ist Sex in der Öffentlichkeit übrigens grundsätzlich nicht verboten. Eingreifen müssen die Behörden nur, wenn sich andere Menschen davon belästigt fühlen. Das kann schonmal vorkommen, es wird nämlich auch oft mitten in der Stadt gecruist. Dann kann dies als Ordnungswidrigkeit oder Erregung öffentlichen Ärgernisses gewertet und theoretisch mit einer Geldstrafe oder sogar Freiheitsentzug von bis zu einem Jahr geahndet werden.

Adresse Strand bei Wedel, Hetlinger Schanze 6, 25491 Hetlingen | **ÖPNV** Bushaltestelle Hetlingen, Eiche, Linie 589 | **Tipp** Sich ein Fahrrad schnappen und die Gegend außerhalb der Stadt erkunden.

93_Das Südpol

Hundertnochwas Beats per Minute

Im Südpol kann es ganz schnell passieren, dass man vor lauter Tanzen und Feiern die Zeit vergisst. Macht aber auch nichts, denn in dem Hammerbrooker Club geht das besonders gut. Die Partys in dem sympathischen Laden auf der Süderstraße, der nun wahrlich schon länger kein Geheimtipp mehr ist, dauern nämlich auch mal bis zu 48 Stunden. Wer einen anstrengenden Montag vor sich hat und deshalb seinen Schlafrhythmus nicht versauen will, kann also einfach mal nach dem (Sekt-)Frühstück an einem Sonntag aufkreuzen und pünktlich zur Schlafenszeit wieder abhauen.

Das Südpol weiß dabei nicht nur durch konstant gute Line-ups zu überzeugen, sondern auch durch eine coole Location: Der Club liegt mitten auf einem ehemaligen Betriebshof der Hamburger Wasserwerke im Stadtteil Hammerbrook. Hier finden allerdings nicht nur Partys statt, sondern auch Filmvorführungen und Konzerte. Aber wenn gefeiert wird, dann meistens – aber nicht ausschließlich – zu Techno und House.

Eine Partyreihe, die die Herzen queerer Raver:innen höher schlagen lässt, ist die Queerpool-Party. Die Veranstaltenden laden dazu ein, die »heteronormative Kackscheiße« endlich zu überwinden. Außerdem sagen sie ganz klar: Wer ein Problem mit nackter Haut hat, ist hier definitiv an der falschen Adresse. Was natürlich nicht heißt, dass sich alle nackt machen müssen. Wer aber Bock darauf hat, ein bisschen – oder ganz viel – nackte Haut zu zeigen, darf das bei der Queerpool-Party sehr gern. Es wird sich darauf verlassen, dass die Feiernden mit dem Wort consent (auf Deutsch: Einvernehmlichkeit) etwas anfangen können. So soll sichergestellt werden, dass hier alle sein können, wie sie möchten. Und das Konzept geht auf: Die Partys sind ein queerer Safer Space, in dem alles kann, aber nichts muss. Aufgelegt auf der Queerpool-Party haben unter anderem bereits der Berghain-Resident Boris sowie der in Berlin lebende DJ und Producer LSDXOXO.

Adresse Südpol Hamburg, Süderstraße 112, 20537 Hamburg | **ÖPNV** Bushaltestelle Süderstraße, Linie 25, 112 | **Öffnungszeiten** Veranstaltungen unter www.suedpol.org/calendar | **Tipp** Einen Kaffee-to-Go im Café Irma (Sonninstraße 22) besorgen und den Kanal entlangschlendern.

94_Tante Paul im Komet

Kommet und tanzet!

Wie in vielen anderen Städten gibt es in Hamburg so ziemlich jede Woche eine queere Party, auf der man sich unter das LGBTIQ-Publikum mischen kann. In den letzten Jahren wurde das Angebot immer breiter, sodass wohl für jeden Geschmack etwas dabei ist. Die alternative kleine Bar Komet, die nicht explizit queer ist, hat schon seit Jahren eine LGBTIQ-Party im Repertoire. Jeden letzten Samstag im Monat verlässt man mit Betreten des Kellers der Bar auf St. Pauli den heteronormativen Sektor. Denn dann verwandelt sich die Kneipe in »Tante Pauls Wohnzimmer«, und die queere Partyreihe, die sich selbst auch als »schwulesbitchqueerkiezparty« bezeichnet, beginnt.

Gespielt wird bei Tante Paul allerding keine Popmusik, wie auf vielen anderen queeren Partys. Stattdessen legen die wechselnden DJs hier meist Elektro, Wave und Indie auf. Country, Schlager und Punk stehen aber theoretisch auch auf der Liste möglicher Musikrichtungen, je nachdem, welche:r DJ am Abend der Partyreihe hinter dem Musikpult an den Reglern steht. Die Musikauswahl dürfte das Stammpublikum des Komets aber wohl nicht überraschen, gehört sie doch zum Standardrepertoire der beliebten Kiezkneipe. Die Party erfreut sich innerhalb der queeren Communities großer Beliebtheit – und das, obwohl so gut wie keine Werbung für sie gemacht wird und sie eher »off the Radar« läuft, wie ein Mitarbeitender des Komets sagte. In den LGBTIQ-Communities verbreiten sich Informationen aber immer schnell. Außerdem wird diese Reihe schon seit Ewigkeiten veranstaltet und ist längst ein Fixtermin der queeren Hamburger:innen.

Die kleine alternative Kneipe bietet nicht nur eine Tanzfläche, sondern auch einen Kicker. Seit Jahren schon verewigen sich verschiedene Vereine, Gruppen und Menschen hier mit Stickern. In dem in die Jahre gekommenen Interieur hat zudem ein leuchtender Globus seinen Stammplatz.

Adresse Komet, Erichstraße 11, 20359 Hamburg | ÖPNV Bushaltestelle Bernhard-Nocht-Straße, Linie 111; S-Bahn-Haltestelle Reeperbahn, Linie S 1, S 2, S 3 | Öffnungszeiten täglich ab 21 Uhr | Tipp Durch den Alten Elbtunnel zum Aussichtspunkt (Schanzenweg 12) spazieren.

95 Die Theaterklause

Den Nazis zum Trotz

Wer sich in der Hamburger Innenstadt umhertreibt oder zum Jungfernstieg spaziert, sollte in die Große Theaterstraße einbiegen und hindurchschlendern. Dort, wo sich heute ein unauffälliger Friseursalon befindet, in der Hausnummer 41, war früher eines der wenigen geöffneten Schwulenlokale – selbst zur Zeit der Herrschaft der Nationalsozialisten und darüber hinaus.

In der Zeit Hitlers war es um die Situation queerer Menschen in Deutschland besonders schlecht bestellt. Wer offen als schwuler Mann lebte, musste strafrechtliche Konsequenzen fürchten. Im schlimmsten Fall drohte der Transport in ein Konzentrationslager und damit der Tod. Umso bemerkenswerter ist es, dass das Freundschaftslokal Theaterklause hinter der Hamburger Staatsoper während der gesamten NS-Zeit existierte und geöffnet war. Besonders erstaunlich sind dabei auch die Geschichten, die sich um die damalige Wirtin des Ladens ranken. Else Aßhauer, die später einen schwulen Mann heiratete, soll einerseits während der NS-Zeit ihren Stammgäst:innen, die an der Front kämpfen mussten, geholfen haben, Kontakt zu Freund:innen während der Zeit des Kriegseinsatzes zu halten. Gleichzeitig soll sie zu dieser Zeit aber auch mit der Polizei kooperiert und schwule Männer an diese verraten haben. Wie das zusammenpasst, ist nur schwer nachzuvollziehen – fragen kann man Else nicht mehr.

Das Hamburger Lokal überstand jedenfalls die Herrschaft der Nationalsozialisten und war auch nach dem Zweiten Weltkrieg während der Adenauer-Ära zwischen 1949 und 1963 unter schwulen Männern beliebt. Das liegt auch daran, dass die Lage des Lokals ein wenig versteckt war. Nach Kriegsende lebten in diesem Viertel gleich bei der Binnenalster nur wenige Menschen, und besonders am Abend begegnete man in der Theaterstraße fast niemandem. Es war also der ideale Treffpunkt für Menschen, die nicht gesehen werden wollten – oder Angst davor hatten.

Adresse Große Theaterstraße 41, 20354 Hamburg | ÖPNV U-Bahn-Haltestelle Gänsemarkt, Linie U 2; Bushaltestelle Gänsemarkt, Linie 4, 5, 19, 602, 603, 604, 605, 688 | Tipp Die Gegend rund um den Gänsemarkt erkunden.

96 Die thier Bar

You better work

Grölende Menschen, literweise Bier und elf Männer, die einem Ball hinterlaufen – daran dürften wohl die meisten Menschen denken, wenn vom Public Viewing die Rede ist. Doch mit Fußball haben die öffentlichen Screenings in der thier Bar im szenigen Schanzenviertel so rein gar nichts zu tun. Statt mit der deutschen Nationalelf mitzufiebern, heißt es hier nämlich jeden Sonntag: »Sashay away oder shantay, you stay.« Denn am letzten Tag der Woche lädt die thier Bar dazu ein, den wunderbaren Dragqueens aus der mittlerweile legendären Show »RuPaul's Drag Race« zuzuschauen und zuzujubeln. In der preisgekrönten Reality-Serie treten Dragqueens gegeneinander an im Kampf um 100.000 Dollar und den Titel Drag-Superstar. Krönender Abschluss jeder Folge ist das Lip Sync Battle, in dem zwei der Kandidat:innen zu einem Song performen. Von RuPaul heißt es an dieser Stelle jedes Mal: »Lip sync for your life. Good luck and don't fuck it up!« Natürlich könnte man die Show auch zu Hause vom Sofa aus anschauen. Doch mit der queeren Family und einem kühlen Getränk macht es gleich doppelt so viel Spaß.

Aber auch an anderen Tagen lohnt sich ein Besuch in der hippen thier Bar, die am Ende des Schulterblatts und damit etwas abseits vom Trubel gelegen ist. Denn von Montag bis Samstag ist sie ein beliebter Treffpunkt für Queers und friends. Auf die Ohren gibt es hier überwiegend elektronische Musik, zu der die Besucher:innen auch mal tanzen. Samstags eignet sich die thier Bar deshalb perfekt, um in den Abend zu starten – oder um gleich dort zu bleiben.

Sonntags heißt es dann: Den Kater überwinden und den Dragqueens aus RuPaul's Drag Race zuschnipsen. Und wenn ihr auf süße Getränke steht, solltet ihr unbedingt den Rhababsi probieren. Denn bekanntermaßen hilft gegen den brummenden Schädel am nächsten Tag nichts besser als ein zuckerhaltiger Schnaps.

Adresse thier Bar, Schulterblatt 98, 20357 Hamburg | ÖPNV Sternschanze, Linie A 1, S 11, S 21, S 31, U 3; Bushaltestelle Schulterblatt, Linie 15 | Öffnungszeiten Di, Mi, Do 19–1 Uhr, Fr, Sa 19–2 Uhr, So 19–24 Uhr | Tipp Samstags auf dem Floh- und Trödelmarkt Flohschanze im Karoviertel vorbeischauen.

97 Toms Saloon

Zeichnungen einer Legende

In der kultigen Schwulenbar Toms Saloon kann man nicht nur einen kühlen Drink genießen, sondern währenddessen auch Pornos schauen, sich im Darkroom vergnügen oder auf der Tanzfläche tanzen – und Kunst bestaunen. 1974 eröffnete die Bar im beliebten Szeneviertel St. Georg. Damit ist sie die älteste schwule »Herrenbar« der Hansestadt – und bis heute ein beliebter Treffpunkt der Community.

Toms Saloon besticht durch seinen Industrial-Look mit rustikalem Touch. Im Eingangsbereich können die Besucher an einem hölzernen Tresen Platz nehmen, der an wuchtigen Metallketten hängt. Im mittleren Raum der Keller-Bar befindet sich eine riesige Kabeltrommel, die zu einem Tisch umfunktioniert wurde, an dem sich Besucher unterhalten oder einen Hardcore-Porno anschauen können. Ein deckenhoher Käfig, lederüberzogene Sitzbänke, der Labyrinth-Darkroom und die Sexschaukeln zeigen, dass Männer hier nicht nur zum Plaudern herkommen.

Bekannt ist die Bar aber nicht nur als Spielplatz für Erwachsene, sondern auch für seine beeindruckende, private Kunstsammlung. Wer also eher Bock auf Kunst statt auf Sex hat, kann sich hier die legendären Zeichnungen von Tom of Finland anschauen. Die kleine Hamburger Bar besitzt mit 48 Bildern die weltweit größte Privatsammlung an Werken des Künstlers, dessen Bilder unter anderem bereits im Museum of Modern Arts in New York (MoMa) ausgestellt wurden.

Die Schwulenikone aus Helsinki war mit dem Gründer der Bar befreundet und am Eröffnungstag auch selbst zu Gast. Dabei ließ er es sich nicht nehmen, sich mit seinen legendären Zeichnungen zu verewigen und zeichnete seine homoerotischen Bilder von vögelnden muskulösen Männern direkt an die Wand der Galerie. Heute werden die Kunstwerke durch ein Glassystem gesichert und können als ständige Ausstellung von den Besuchern betrachtet und bestaunt werden.

Adresse Toms Saloon, Pulverteich 17, 20099 Hamburg, Tel. 040/2803056 | **ÖPNV** U-Bahnhof Hauptbahnhof Süd, Linie U 1, U 3; Bushaltestelle Böckmannstraße, Linien 16 und 608 oder Bushaltestelle Kurt-Schumacher-Allee, Linien 2, 120, 122, 124, 224, 609, 610 | **Tipp** Sich mit Oliven, Feta und Fladenbrot in einem der arabischen Supermärkte auf dem Steindamm eindecken.

98 Toom Peerstall

Katharinas Erbe

Die Bar Toom Peerstall auf St. Pauli hat eine bewegte Geschichte. Eröffnet im Jahr 1919, geht der Name vermutlich auf den Pferdestall zurück, der sich wahrscheinlich einmal im Hinterhof befand – Peerstall heißt auf Plattdeutsch Pferdestall. Damals leitete der Tätowierer Christian Warlich das Lokal noch halb als Studio und halb als Kneipe, bevor es mit der neuen Besitzerin und trans Frau Katharina zu einer Bar für die queere Community wurde. Die Wienerin führte ein Doppelleben zwischen Hamburg und Wien, bis sie am 11. Dezember 1998 in einem ICE starb.

Früher waren die Fenster abgedunkelt, damit niemand von draußen sehen konnte, was im Lokal passiert. Die drei neuen Besitzer Marcel, Mathias und Holger haben die Bar mit großen, offenen Fenstern neu eröffnet. Die Message: Niemand sollte sich heute mehr wegen der eigenen sexuellen Orientierung oder geschlechtlichen Identität verstecken müssen. Die drei wollten nicht akzeptieren, dass eine weitere queere Institution in Hamburg schließt, und entschieden sich dafür, das Lokal nach zwei Jahren Schließung wiederzueröffnen. Von der alten Einrichtung ist, abgesehen von einem kleinen Teil des Fußbodens hinter dem Tresen, nichts übrig geblieben. Die Betreiber verwandelten die Kultkneipe in ein Nichtraucherlokal, nachdem sie die Nikotinspuren der letzten Jahrzehnte mit großer Mühe von der Decke entfernt hatten.

Marcel ist Soziologe und kennt sich mit der queeren Geschichte Hamburgs gut aus. Ihm war es wichtig, dass sich auch die Stammgäst:innen von früher weiterhin wohlfühlen – auch wenn nun alle von der Straße aus sehen können, wer am Tresen sitzt. Das Lokal soll ein Ort bleiben, an dem sich nicht nur schwule Männer, sondern auch trans Personen, Lesben und alle anderen Gäst:innen wohlfühlen. Genauso wie zu den Zeiten, in denen Katharina den Laden schmiss.

Adresse Tooms Peerstall, Clemens-Schultz-Straße 43, 20359 Hamburg | ÖPNV U-Bahn-Station St. Pauli, Linie U3; Bushaltestelle Hein-Hoyer-Straße, Linie 601, 607, 608, 609, 610, 641, 688 | Öffnungszeiten Mo–So 18–2 Uhr, Fr, Sa 18–4 Uhr | Tipp Bei Kaffee Stark (Wohlwillstraße 18) vorbeischauen und sich eine Quiche oder eine kleine Suppe bestellen.

99 Das Transparence Theatre

Eine Bühne für Trans

In Hamburg ist ein Theaterensemble beheimatet, das ausschließlich trans Darstellenden eine Bühne bietet. Damit ist das Ensemble einzigartig und nach eigenen Angaben das weltweit Erste seiner Art. Die Voraussetzungen, die für die Darstellenden auf der Bühne gelten, zählen aber nicht hinter dem Vorhang: Abseits des Rampenlichts dürfen auch cisgender Menschen arbeiten. Der Begriff cisgender kann als Gegenteil von transgender verstanden werden und beschreibt alle Menschen, die sich mit dem Geschlecht identifizieren, das ihnen bei der Geburt zugewiesen wurde.

Gegründet wurde das Ensemble von Kolja Schallenberg, Aline de Oliveira und Brix Schaumburg. Schallenberg arbeitet als Theaterregisseur und Autor, Aline als Produzentin und Choreographin und Brix als Schauspieler und Sänger. Sowohl Aline als auch Brix sind trans, Brix ist sogar der erste offen geoutete trans Schauspieler in Deutschland. Alle drei waren bei der Gründung des Ensembles der Meinung: Jeder Mensch hat eine Bühne verdient. »Wir wollten uns Stücke anschauen, mit denen wir uns identifizieren, in denen wir uns sehen und die uns mit Emotionen erfüllen«, sagt Brix. Damals sei er in seiner Transition noch lange nicht so weit gewesen, wie er es heute ist. »Ich hätte nicht einfach als cisgender hetero Mann gecastet werden können.« Deshalb habe er sich einen sicheren Ort zum Spielen und Proben gewünscht – und zwar für alle.

Schallenberg fing bereits 2016 an, ein queeres Netzwerk für die Theatergruppe auf die Beine zu stellen. Er schrieb Förderanträge und bot die erste Performance Theatern in ganz Deutschland an. Nach vielen Absagen klappte es 2019 endlich. Das Hamburger Ensemble feierte die Uraufführung der Performance »Transparência« im Keller des niedersächsischen Theaters Lüneburg. Mittlerweile hat die Hamburger Gleichstellungssenatorin Katharina Fegebank die Schirmherrschaft des Transgender-Theaters übernommen.

Adresse die Veranstaltungsorte wechseln immer, Infos auf www.transparencetheatre.com | **Öffnungszeiten** aktuelle Ankündigungen von Performances des Ensembles auf der Homepage | **Tipp** Vor dem Besuch eines Stückes die bewegende Netflix-Doku »Disclosure« anschauen, in der es um trans Menschen in Hollywood geht.

100 Der transTresen

Byebye, Konsum

Hamburg kann Besucher:innen und Bewohner:innen manchmal vorkommen wie ein einziger Konsumrausch. Natürlich bereichern die hübschen Cafés, die Szenebars und die kleinen Geschäfte die Stadt. Bei einem Streifzug durch die Schanze, das Gängeviertel oder St. Pauli gibt man auch mal gern sein Geld aus. Manchmal jedoch fühlt es sich fast so an, als bliebe gar keine andere Wahl.

Doch es gibt sie noch, die autonomen Treffpunkte, die kein Ort des Konsums sein wollen, sondern des Zusammenkommens und des Austausches. Das Centro Sociale im hippen Schanzenviertel ist genau so ein Ort. Der Nachbar:innenschaftstreff, den es bereits seit 2008 gibt, bietet einen Raum, in dem Wissen erworben, gefeiert, sich ausprobiert und kennengelernt werden darf. Das Centro Sociale versteht sich dabei als bewusster Gegenpunkt zu all den konsumfreudigen Orten, die das restliche Viertel so zu bieten hat. Für trans Personen, die sich mit anderen transgeschlechtlichen Menschen austauschen wollen, könnte vor allem der transTresen von Interesse sein. Und auch hier machen die Veranstaltenden klar: Der transTresen existiert nicht, um Gewinn einzufahren, sondern um der Community einen Ort zu geben, an dem sie entspannen, abschalten und den binären Alltag draußen lassen kann. Wer sich gemeinsam auf eine anstehende Partynacht einstimmen möchte, ist hier aber ebenso gut aufgehoben.

Eingeladen sind dabei alle Menschen, die sich mit einer der folgenden Selbstbezeichnungen identifizieren: transgender, transident, non-binary, genderqueer, agender, neutrois, bigender, nogender, demigender, genderless, genderfluid, maverique, Enby, Butch oder Femme. Doch auch wer sich noch nicht auf eine geschlechtliche Identität festlegen will oder noch auf der Suche nach einer ist, kann beim transTresen vorbeischauen. Das Centro sociale ist barrierefrei erreichbar, und es gibt eine Toilette, die für alle Gender offen ist.

Adresse Centro sociale, Sternstraße 2, 20357 Hamburg | ÖPNV U-Bahn-Station Feldstraße, Linie U3; Bus-Station Feldstraße, Linie X3, 3, 17, 602; S-Bahn-Station Sternschanze, Linie S11, S21, S31 | Öffnungszeiten Veranstaltungen auf https://centro.wonkee.de | Tipp Das Zentrum bietet neben transTresen auch eine regelmäßig stattfindende Selbsthilfe-Fahrradwerkstatt, eine Yoga-Gruppe und vieles mehr.

101 Das U-Bahnhof-Mosaik

Queere Sichtbarkeit

Das Mosaik-Kunstwerk im Eingangsbereich der U-Bahnstation Lohmühlenstraße ist ein perfektes Beispiel dafür, wie Queerness es schafft, sich trotz gesellschaftlicher Ächtung im öffentlichen Raum festzuschreiben. Dabei schreit das Werk von Eduard Bargheer nicht unbedingt nach queerer Sichtbarkeit, ganz im Gegenteil: Das Mosaik zeigt einen Mix aus städtischer und dörflicher Landschaft, die nicht in Regenbogenfarben erstrahlt, sondern in gedeckten Tönen.

Die eigene Homosexualität stand allerdings auch sonst nicht im Zentrum von Eduard Bargheers Schaffen. Der Künstler widmete sich, vom Expressionismus inspiriert, vor allem Landschaften – gern norddeutschen, aber auch italienischen. Das dürfte auch mit seiner Biographie zu tun haben. Der Lebensmittelpunkt des in Finkenwerder geborenen Künstlers lag bis zum Zweiten Weltkrieg in Hamburg, er pflegte allerdings auch eine besondere Liebe zu Italien.

Doch die Machtübernahme durch die Nationalsozialisten machte es für den norddeutschen Künstler unmöglich, seinem Schaffen weiterhin nachzugehen. Sie brandmarkten einige seiner Werke als »entartet«. Lange Zeit versuchte er, seine Kunst gegen den Säuberungswahn der Nazis zu verteidigen. Im Jahr 1940 entschied er sich allerdings dazu, nach Ischia überzusiedeln – die italienische Insel war damals ein Zufluchtsort für viele Jüd:innen.

Auch lange Zeit nach dem Krieg haderte Bargheer mit seiner Heimat und überlegte, nie wieder zurückzukehren. Doch ab 1950 ließ er sich immer wieder öfter in der Hansestadt blicken. 1957 wurde er Gastdozent an der Hochschule für Bildende Künste Hamburg und verewigte sich schließlich mit insgesamt zwölf Wandgemälden und Mosaiken in öffentlichen Hamburger Gebäuden. Wer die Kunst von Bargheer abseits des U-Bahnhofs Lohmühlenstraße entdecken möchte, kann das auch im Bargheer-Museum im Jenischpark, das 2017 seine Eröffnung feierte.

Adresse U-Bahnhof Lohmühlenstraße, 20099 Hamburg | **ÖPNV** U-Bahn-Haltestelle Lohmühlenstraße, Linie U 1 | **Tipp** Sich ein Eis bei Luicella's Ice Cream (Lange Reihe 113) schnappen.

102 Das Uebel & Gefährlich

United we dance

Das Uebel & Gefährlich macht von außen einen dystopischen, fast schon erschreckenden Eindruck. Der Musikclub, der auch als Veranstaltungslocation diverser Richtungen dient, ist in einem Flakturm untergebracht - einem riesigen Betonklotz mitten in Hamburg. Im Zweiten Weltkrieg wurde das Gebäude als Luftschutzbunker errichtet, der mehreren 10.000 Menschen Zuflucht bot. Aufgrund der gewaltigen Größe – der Flakturm ist einer der größten Bunker Deutschlands – wurde das Betonmonster nach dem Krieg nicht gesprengt und wird seither für unterschiedliche Zwecke genutzt. Neben dem Club sind im Gebäude auch ein Musikgeschäft, eine Privatschule und eine Bar untergebracht.

Der 2006 unter anderem von Tino Hanekamp eröffnete Club Uebel & Gefährlich befindet sich in der vierten Etage des Gebäudes und beeindruckt nicht nur mit seinem Dancefloor, sondern auch mit seiner Dachterrasse. Perfekt für alle Raver:innen und sonstigen Partymäuse, die während einer langen Nacht eine Pause und ein wenig Erfrischung gebrauchen können. Als Bonus haben die Besuchenden einen tollen Blick auf die Hamburger City. Der Club ist schon seit langer Zeit ein fester Bestandteil der queeren Community. Hier wurden bereits Partys wie DaddysBoy, Electro Pride oder Porncepual veranstaltet. Zudem finden Konzerte des Further Festivals statt; ein Festival, das ausschließlich weibliche, non-binäre und transgeschlechtliche Personen performen lässt.

Queere Menschen sind in den heiligen Hallen des Clubs also willkommen und können sich in der LGBTIQ-freundlichen Location wohlfühlen. Wie viele andere Clubs deutschlandweit traf die Corona-Pandemie auch das Uebel & Gefährlich. Aufgrund diverser Lockdowns und Hygienemaßnahmen war in den letzten Jahren öfter geschlossen als offen. Mittlerweile findet der Club aber wieder zu altem Glanz zurück und ist für neue Veranstaltungen mehr als bereit.

Adresse Uebel & Gefährlich, Feldstraße 66, 20359 Hamburg | ÖPNV U-Bahn-Haltestelle Feldstraße, Linie U 3; Bushaltestelle Feldstraße, Linie 3, 17, 602, X 3 | Öffnungszeiten Programm unter www.uebelundgefaehrlich.com | Tipp Samstags beim Flohmarkt Flohschanze vorbeischauen und sich ein paar schöne Unikate aushandeln.

103_Unterstrich Tätowierungen

Kreativität, die unter die Haut geht

Das Tattoostudio Unterstrich Tätowierungen von Claude befindet sich in St. Georg am Beginn der Langen Reihe in einer Ateliergemeinschaft. Seit Jahren ist die Tattoo-Künstler_in Claude mit der feministischen Ateliergemeinschaft bildwechsel dynamo politisch und freundschaftlich verbunden und hat, als Räumlichkeiten frei wurden, die Chance ergriffen. Die in St. Georg angesiedelte LGBTIQ-Szene ist dabei natürlich ein Vorteil. Heute sticht die Wahlhamburger_in in der Kirchenallee 25 vor allem, aber nicht nur, Motive aus der Tier- und Pflanzenwelt. Wertvolle Erfahrungen hat Claude zuvor während einer mehrjährigen Ausbildung in San Francisco sammeln können. Doch weil Claude ihre Freund_innen zuhause vermisste, verließ die Tattoo-Künstler_in den Sunshine-State wieder und machte sich im regnerischen Hamburg selbstständig. Claude beschreibt sich auf der Website selbst als queere trans Person und möchte, dass sich alle, insbesondere queere Menschen, im Studio in St. Georg wohlfühlen. Hier sind wirklich alle Körper willkommen, unabhängig von irgendwelchen Zuschreibungen. Wer beispielsweise aufgrund einer Mastektomie, also einer operativen Entfernung der Brust, entsprechende Narben trägt, muss bei Claude keine Angst davor haben, schief angeschaut oder mit unangenehmen Fragen konfrontiert zu werden.

Zwar kann Claude jedes Motiv für Kund:innen umsetzen, die Stile, in denen Claude aber hauptsächlich tätowiert, sind botanische Illustrationen, Neo Traditional, Black- und Linework. Kund:innen, die Interesse an Motiven queerer Subkultur oder Lust auf dekorative Flora und Fauna auf ihrem Körper haben, sind bei Claude bestens aufgehoben. Claude freut sich über mitgebrachte Tattoo-Ideen – von bunten Schmetterlingen über Totenköpfe bis hin zu bekannten Zeichentrickfiguren in Fetischkleidung sticht Claude so ziemlich alles.

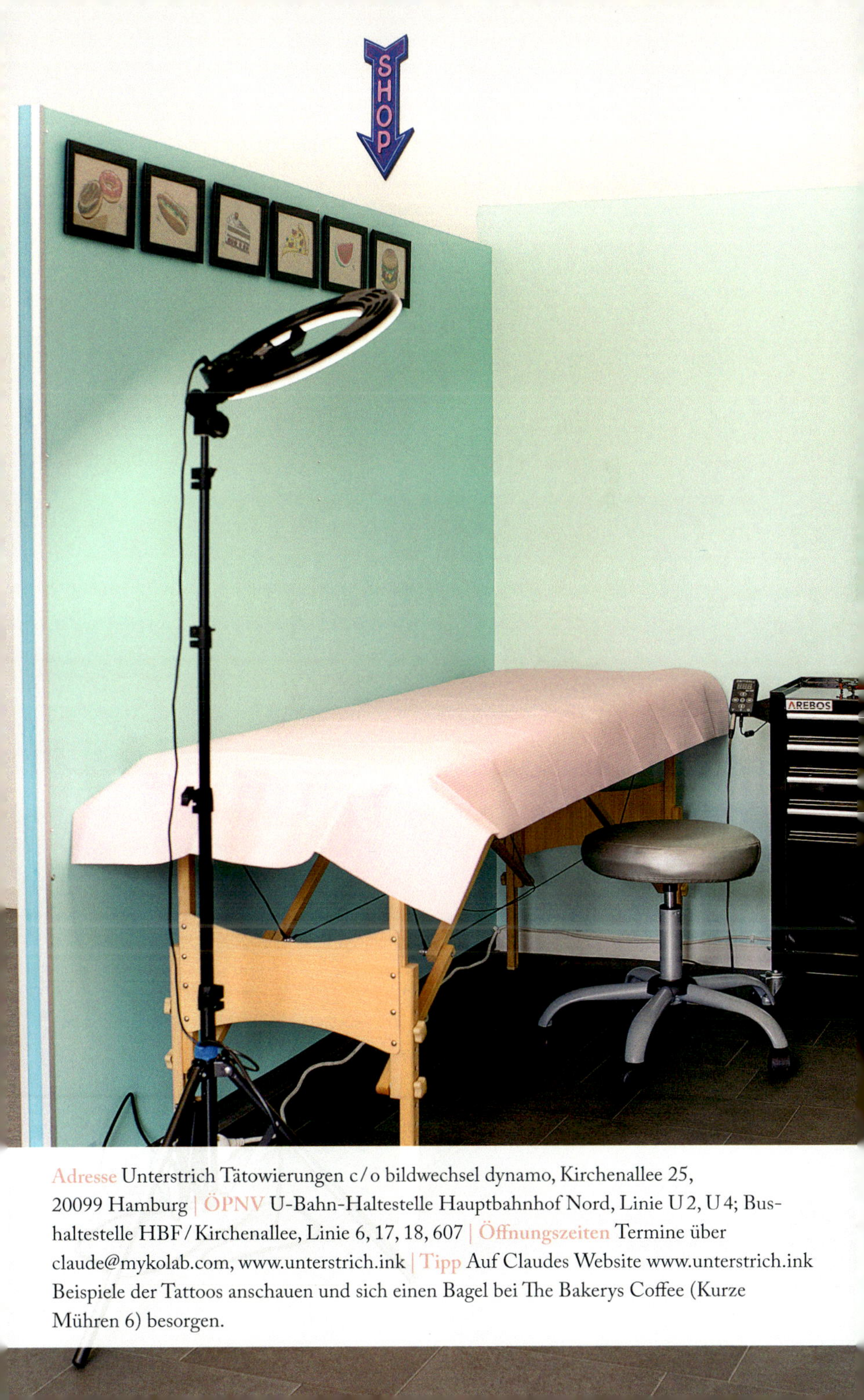

Adresse Unterstrich Tätowierungen c/o bildwechsel dynamo, Kirchenallee 25, 20099 Hamburg | ÖPNV U-Bahn-Haltestelle Hauptbahnhof Nord, Linie U 2, U 4; Bushaltestelle HBF/Kirchenallee, Linie 6, 17, 18, 607 | Öffnungszeiten Termine über claude@mykolab.com, www.unterstrich.ink | Tipp Auf Claudes Website www.unterstrich.ink Beispiele der Tattoos anschauen und sich einen Bagel bei The Bakerys Coffee (Kurze Mühren 6) besorgen.

104 Die Vielfalt-Ampel

Toleranz in Grün und Rot

Seit 2015 leuchten an der Kreuzung Lange Reihe und Kirchenallee in St. Georg ein schwules und ein lesbisches Ampelpärchen. Die Zweite Bürgermeisterin der Stadt, Katharina Fegebank von den Grünen, die zugleich Gleichstellungssenatorin der Hansestadt ist, sorgte dafür, dass Hamburg ebenfalls eine erhält. Zum ersten Mal wurden die homosexuellen Ampelpaare in der Hauptstadt Österreichs installiert. Anlässlich des Life Balls, der Regenbogenparade und der Austragung des Eurovision Songcontests, den die Dragqueen Conchita Wurst mit ihrer Ballade »Rise like a Phoenix« nach Wien brachte, wurden die Ampeln an touristischen Hotspots angebracht. Wie in Wien gibt es in Hamburg neben den homosexuellen Paaren auch ein heterosexuelles Paar – alle mit jeweils einem Herzen versehen.

So wie es damals in Österreich Kritik an den Ampelpaaren gab, kam auch in Hamburg negatives Feedback. Die rechten Politiker:innen der AfD-Fraktion wollten die Paare, die für Toleranz und Offenheit stehen, sogar mit einem Antrag stoppen. Medienberichten zufolge empfanden viele Deutsche die Aktion als Verschwendung von Steuergeld. Dabei kann die Aufregung bei Kosten von rund 30 Euro plus Installation nun wirklich nicht auf die Summe zurückzuführen sein.

Ursprünglich sollten die Pärchen nur bis zum Christopher Street Day bleiben. Das Motiv war aber anscheinend so beliebt, dass man die Ampelpärchen weiter leuchten ließ. Seither machen sie den Hamburger Alltag ein bisschen vielfältiger. Mittlerweile werden sich wohl alle an die Ampelpärchen gewöhnt haben, die meisten freuen sich wahrscheinlich sogar, wenn sie aufblinken. Viele weitere Städte folgten dem Vorbild von Wien und brachten etwas Schwung in ihre Ampelmotive. So leuchten die queeren Paare inzwischen in zahlreichen Ländern – von der Schweiz über Spanien bis nach Australien.

Adresse Lange Reihe / Kirchenallee, 20099 Hamburg | ÖPNV U-Bahn-Haltestelle Hauptbahnhof-Nord, Linie U 2, U 4; Bushaltestelle HBF / Kirchenallee, Linie 6, 17, 18, 607 | Tipp Eine kurze Pause machen und einen richtig guten Kaffee im blanco coffee (Lange Reihe 87) trinken.

105 Die Wäscherei

Buntwäsche, Schleudergang

In der Wäscherei gehört die visuelle Reizüberflutung zum Konzept. Denn das 8.000 Quadratmeter große Möbelhaus möchte seinen Kund:innen keine langweilige und biedere Einheitsware bieten. Wer auf der Suche nach ausgefallenen, bunten und extravaganten Möbelstücken ist, sollte der Wäscherei dringend einen Besuch abstatten. Im Angebot hat das Einrichtungsgeschäft dabei knallgelbe Sofas, Wandleuchten in Form einer wütenden Bulldogge und Betten mit orangefarbenem Samtüberzug. Die Wäscherei verlässt sich allerdings nicht nur auf seine Zuliefer:innen, sondern entwirft auch eigene Kreationen, wenn der »Weltmarkt mal wieder jegliche Inspiration vermissen lässt«. Und die kommen gut an: Für die hauseigenen Möbelstücke gab es bereits mehrere Awards, unter anderem den German Design Award sowie den Innovative Interior Award.

Das Unternehmen selbst sieht sich als enger Partner der queeren Community. Deshalb schaltet es auch Anzeigen in dem Magazin Schwulissimo und sponsert einen Truck auf dem Hamburger Christopher Street Day. Bei der Jubiläumsfeier zum 20-jährigen Bestehen im Schmidts Tivoli wurde eine ausschweifende Party gefeiert. Performt haben bekannte queere Persönlichkeiten, darunter Conchita Wurst, Model und Pornodarsteller François Sagat sowie die Dragqueen Rubena Rouge Metamorphosis. Die Wäscherei scheint ihr Motto also ernst zu nehmen: Erlaubt ist, was Spaß macht.

Das Möbelhaus wurde 1997 gegründet und begrüßt seit 2012 nach einem Umzug an den Mexikoring 27–29 seine Kund:innen. Im Sommer können diese auf der Dachterrasse entspannen und einen Drink genießen. Der Name des Geschäfts geht übrigens auf die alte Location zurück: Früher befand sich die Wäscherei in einem Gebäude im Hinterhof der Jarrestraße 52–58. In dem Laden, der hier vorher eingemietet war, wurde, ihr könnt es euch schon denken, jede Menge Wäsche gereinigt.

Adresse Die Wäscherei – Das Möbelhaus, Mexikoring 27–29, 22297 Hamburg | ÖPNV Bushaltestelle Kapstadtring, Linie 23, 26, 118, 179; S-Bahn-Haltestelle Rübenkamp City Nord, Linie S1, S11 | Öffnungszeiten Auftragsbearbeitung Mo–Fr 8.30–17 Uhr, service@die-waescherei.de, Tel. 040/2715070, Beratung Mo–Sa 10–20 Uhr, polsterstudio@die-waescherei.de, Tel. 040/271507180 | Tipp Eine Veranstaltung an der Sternenkuppel des Hamburger Planetarium (Linnering 1) im Stadtpark besuchen.

106 Das Weiblichkeitenmuseum

»On ne naît pas femme: on le devient«

Wenn die Straßen auf St. Pauli sprechen könnten, hätten sie vieles zu erzählen. Sie könnten von durchzechten Nächten berichten, von betrunkenen Männerhorden, die sich wie Tiere benehmen und von gebrochenen Biografien. Sie könnten aber auch von beeindruckenden Frauen erzählen, die ihr Leben auf dem Kiez verbrachten und die Geschichte der Stadt beeinflussten. Damit letzteres Wissen nicht in Vergessenheit gerät, hat es sich die Crew des jungen Weiblichkeitenmuseums Feminité zum Ziel gesetzt, die Biografien der Frauen von St. Pauli der Öffentlichkeit zugänglich zu machen. Das Museum soll ein Ort für Kunst, Geschichten, Diskussionen, Inspiration und Bildung werden und zwar für und mit den Menschen auf St. Pauli.

Das diverse Team des Museums besteht aus Ana Amil, Daria Majewski, Didine van der Platenvlotbrug, Ebru Durupinar und Wiebke Johannsen. Im ersten Jahr des Museums konzipierte die Gruppe die Ausstellung »18 Weiblichkeiten – 18 Dekaden«, in der sie St. Pauli zwischen 1850 und 2021 aus weiblicher Sicht porträtierte. Konzipiert wurde die Ausstellung als Online-Projekt, bei dem sich die User:innen durch das Leben von 18 besonderen St. Pauli-Persönlichkeiten klicken können.

So intersektional das Team des Museums aufgestellt ist, so breit gefächert sollen die zukünftigen Projekte auch werden. Das Team möchte bald weitere Ausstellungen organisieren, wissenschaftliche Symposien und Konferenzen veranstalten, ein allen zugängliches und ständig wachsendes Online-Archiv schaffen und Workshops und Schulungen zu Diversity und intersektionalen Feminismus in Schulen, Unternehmen und Institutionen anbieten. Das Museum, das unter anderem mit dem Schwulen Museum in Berlin kooperiert, ist neben dem queerfeministischen Fuck Yeah Sexshop in bester Gesellschaft.

Adresse Feminité Museum, Caffamacherreihe 47, 20355 Hamburg | ÖPNV U-Bahn-Station Gänsemarkt, Linie U2; Bushaltestelle Dragonerstall, Linie 3, 602, 607, 688, X35 | Öffnungszeiten Infos unter www.feminitemuseum.de | Tipp Online unter www.feminitemuseum.de die Dauerausstellung »18 Weiblichkeiten – 18 Dekaden« anschauen und leckere Tapas im Le Golden Igel (Neustädter Straße 49) bestellen.

107_Windrose II

Jede:r war eine:r zu viel

Der Berliner Künstler, Autor und Verleger Tom Fecht versuchte über Jahre, einen Beitrag gegen das Vergessen der Opfer von Aids zu leisten. Dafür entwickelte er unter anderem das Projekt »Namen & Steine«, für das er zwischen 1992 und 2000 Namen von Aids-Verstorbenen in bereits verlegte Pflastersteine in europäischen Städten schlug. Unter die Namen der Toten mischen sich auch Namen von prominenten Opfern der Aids-Krise, darunter Freddie Mercury, Keith Haring und Rock Hudson.

In die Hansestadt kam das Projekt 1994, nachdem es 1993 von Fecht auf der documenta IX vorgestellt worden war. Zunächst wurden 50 Steine in der Kunsthalle präsentiert, aber seit dem Welt-Aids-Tag 1994 sind sie an der Südseite des alten Glockenturms der Heiligen Dreieinigkeitskirche in St. Georg verlegt. Die Steine bilden den Gehweg und ein Kreuz auf dem Boden. Die Installation heißt »Windrose II«. Auch heute noch sterben Menschen an dem Virus, und so kommen immer neue Steine für Verstorbene hinzu. Die Aids-Seelsorge Hamburg ist dafür verantwortlich; verlegt werden die neuen Steine einmal im Jahr. Die Erinnerungssteine werden von Hinterbliebenen häufig als letzte Ruhestätte verstanden. Nach den Gottesdiensten der Kirche werden oftmals Blumen niedergelegt, und auch zu Geburts- oder Todestagen kommen Angehörige zur Installation nach St. Georg.

Hamburg ist nicht die einzige Stadt mit einer Installation wie dieser. In Zürich, Riga, Paris und Marseille, aber auch in deutschen Städten wie Aachen oder Köln gibt es ebenfalls Projekte wie diese. Die Windrose II in Hamburg ist die größte Installation in Deutschland. Mehr als 40 temporäre und feste Installationen bilden ein geographisches Netz und sollen die Erinnerung an die Verstorbenen der Aids-Krise aufrechterhalten. Denn eins ist sicher: Jeder Mensch, der Aids zum Opfer fiel und noch immer fällt, ist einer zu viel.

Adresse Windrose II, St. Georgs Kirchhof 19, 20099 Hamburg | **ÖPNV** U-Bahnhof Hauptbahnhof, Linie U 2, U 4; Bushaltestelle Gurlittstraße, Linien 6, 17, 607 | **Tipp** Spaziergang vom Denkmal aus zur Kennedybrücke, um die Aussicht zu genießen.

108 Die Winterpride

Ein queeres Weihnachtsfest

Man liebt sie oder man hasst sie, doch entkommen kann man ihnen in deutschen Innenstädten gegen Ende des Jahres nicht: Weihnachtsmärkte. In Hamburg gibt es seit einigen Jahren eine unkonventionelle Version, die sich von den herkömmlichen und heteronormativen Wintermärkten unterscheidet. Im vielfältigen St. Georg wird jedes Jahr die Winterpride gefeiert, bei der man genau wie auf anderen Weihnachtsmärkten Glühwein oder eine heiße Schokolade schlürfen kann. Die bunte Winterpride ist der größte queere Weihnachtsmarkt Norddeutschlands, der neben kleinen Hütten auch ein queeres Bühnenprogramm bietet. Aus den Boxen dröhnt dabei aber nicht die immer gleiche Christmas-Playlist mit Last Christmas und Jingle Bells, die in den letzten Dezemberwochen fast niemand mehr hören kann. Auf dem queeren Markt legen Hamburger DJs auf. Das dürfte die Winterpride für Weihnachtsmarkt-Verächter:innen auf jeden Fall attraktiver machen.

Schon seit Jahren werden in vielen deutschen Städten queere Interpretationen von traditionellen Weihnachtsmärkten organisiert. Zwar steht Konsum auch hier wie bei den herkömmlichen Märkten im Vordergrund. Doch bei der Winterpride sind jedes Jahr auch verschiedene Hamburger LGBTIQ-Vereine und -Initiativen vertreten. Diese präsentieren sich beim Punschtrinken und beantworten Interessierten Fragen beim kuschelig-kalten Get-Together. Das Beste dabei ist, dass sie am Umsatz des Weihnachtsmarktes beteiligt werden – jeder einzelne Drink und jede Tüte Plätzchen ist hier also gut investiertes Geld. Ein weiteres Highlight ist wohl die Möglichkeit, sich eine eigene Hütte zu mieten. Gruppen zwischen zehn und 40 Personen können zwischen verschiedenen Paketen wählen und eine private Party in einer Hütte in St. Georg feiern. Als große Reisegruppe oder für die nächste Büro-Weihnachtsfeier sicherlich keine schlechte Idee.

Adresse Winter Pride, Lange Reihe, 20099 Hamburg | **ÖPNV** U-Bahn-Haltestelle Hauptbahnhof Nord, Linie U 2, U 4; Bushaltestelle HBF/Kirchenallee, Linie 6, 17, 18, 607 | **Öffnungszeiten** täglich 12–22 Uhr, Beginn und weitere Infos unter www.winterpride.de | **Tipp** Von der Winterpride ist es nicht weit zu den vielen anderen queeren Bars in der Langen Reihe.

109 Die wohl bekannteste Pissrinne

Littmann, unser Held

Ein öffentliches Klo in einem Reiseführer? Üblicherweise verbinden die meisten von uns mit Toiletten wenig bis gar nichts, was sehenswert oder aufregend wäre. Hier wird immerhin meistens stillschweigend einem Grundbedürfnis nachgegangen, das oftmals mit Scham verbunden ist und auf keinen Fall von größerem Interesse sein sollte. Die Herrentoilette am historischen Flanierweg Jungfernstieg, die heute nicht mehr so aussieht wie damals, wurde in den 1960er und 1970er Jahren von schwulen Männern häufig als Cruising-Ort zweckentfremdet. Beim Cruising halten öffentliche oder halböffentliche Orte wie Toiletten, Parks oder bestimmte Autobahnraststätten für schnellen, anonymen Sex her. Das war lange Zeit vor allem deshalb notwendig, weil schwuler Sex noch verboten war und homosexuelle Männer, die sexuell aktiv waren, mit Strafverfolgung rechnen mussten.

In besagter Toilette am Hamburger Jungfernstieg wurde 1973 nach behördlicher Anweisung ein verspiegeltes Fenster angebracht, hinter dem sich ein kleiner Spionageraum befand. In diesen Raum konnte sich ein Polizist setzen und von dort nicht nur Männer an der Pissrinne beobachten, sondern auch zuschnappen, sobald sich jemand sexuell vergnügen wollte. Diese Art der Überwachung fand in Hamburg nicht nur am Jungfernstieg statt, sondern beispielsweise auch am Spielbudenplatz auf St. Pauli.

Wie die Geschichte weitergeht, ist mittlerweile bekannt. Eine Gruppe LGBTIQ-Aktivist:innen rund um Corny Littmann (mehr dazu auf Seite 176) machte das perfide Vorgehen der Exekutive öffentlich und verhinderte dadurch, dass weitere unschuldige schwule Männer auf der Rosa Liste landeten. Es hielt sich übrigens lange Zeit das Gerücht, dass Corny beim Zerschlagen des Spiegels einem Polizisten fast den Kopf eingeschlagen hätte. Das stimmt allerdings nicht.

Adresse U-Bahnstation Jungfernstieg, Alsterseite, 20354 Hamburg | **ÖPNV** U-Bahn- und S-Bahn-Haltestelle Jungfernstieg, Linie U 2, U 4, S 1, S 2, S 3 | **Tipp** Ein Eis bei Warneke Eis (Jungfernstieg 54) bestellen und sich ans Wasser setzen.

110__Die WunderBar

Trash auf dem Kiez

Es gibt Bars, die man wegen der ausgefallen Drinks oder des stylischen Interieurs besucht. Und es gibt Bars, die man besucht, um solche Ansprüche für ein paar Stunden zu vergessen und einfach nur Spaß zu haben. Die WunderBar in der Talstraße 4 gehört eindeutig zur zweiten Kategorie. Das Publikum ist jung und in Feierlaune, aus den Boxen dröhnt Pop-Trash (zu späterer Stunde auch der ein oder andere Schlager), und der Alkohol wird hier in Massen ausgeschenkt. Sogar an Montagen lädt die Bar zum Abstürzen ein, selbst am ersten Tag der Woche ist hier was los.

Am Wochenende ist allerdings nicht nur was los, sondern es wird richtig voll. Die Besucher:innen müssen deshalb oftmals sogar anstehen, um überhaupt reinzukommen. Wer es ins Lokal geschafft hat, muss sich an den Gäst:innen vorbeiquetschen, um einen Platz zu finden oder einen Drink zu bestellen. Doch es lohnt sich, denn an Freitagen und Samstagen ist die Stimmung richtig gut, und die Bar wird zum Tanzclub. Die Einrichtung der WunderBar ist im besten Sinne kitschig und trashig: Die Wände sind mit rotem Glitzer bedeckt, an der Decke hängen Discokugeln, und die Fotos der Gäst:innen, die sich hier überall finden, erzählen von Abenden, die viel zu lange gingen. In der Ecke hängt an einer Stange ein Bushaltestellenschild mit der Aufschrift: Bu(m)shaltestelle. Die Bar zieht zwar vor allem schwule Männer an. Aber hier sind Menschen jeglichen Geschlechts und jeglicher Orientierung willkommen.

Die kleine Hamburger Bar existiert bereits seit den 1990er Jahren auf dem Kiez und am Wochenende, wenn immer wechselnde DJs spielen, ist sie mehr Tanzclub als Bar. Wer sich nicht zu ernst nimmt, Menschenmassen nicht scheut und bei Britney Spears tanzen und mitsingen statt flüchten möchte, kann in der WunderBar unvergessliche Stunden verbringen. Doch Vorsicht: Der Kater am berüchtigten Tag danach könnte heftig werden.

Adresse WunderBar, Talstraße 14, 20359 Hamburg | **ÖPNV** S-Bahn-Station Reeperbahn, Linie S 1, S 2, S 3, S 21; Bushaltestelle Davidstraße, Linien 16, 37, 111, 112, 601, 607, 608, 609, 610, 641, 688 | **Öffnungszeiten** So–Do 20–3 Uhr, Fr und Sa 20–6 Uhr | **Tipp** Bei der Partyreihe »Queersaal« wird in zwei Locations gefeiert.

111 Zu den 3 Sternen

Kommet zum Tanztee!

Am Rande der Neustadt in unmittelbarer Nähe des Alten Elbparks befand sich in den 1920er und 1930er Jahren das vor allem bei schwulen Männern beliebte Café und Restaurant Zu den drei Sternen. Das Haus im Herzen der Hansestadt, das heute unauffällig daherkommt, war früher eines der beliebtesten Freundschaftslokale Hamburgs, in dem sich nicht nur Freund:innen näherkamen.

Anders als andere Locations dieser Art war es damals kein reines Männerlokal, sondern wurde auch von Frauen besucht. Dazu inserierte der Inhaber in der Zeitschrift »Die Freundin«, um dafür zu werben, dass Frauen mehrmals die Woche ins Lokal zum Tanztee kommen. Das Lokal war in einigen Teilen nur spärlich beleuchtet, und die Tische wurden von langen Tischdecken bedeckt. Dies sollte anscheinend die sexuellen Kontaktaufnahme zwischen Männern erleichtern – damit unterm Tisch unbemerkt gefummelt werden konnte. Die Atmosphäre war dementsprechend tolerant und ausgelassen. Dass der Laden damals so beliebt war, lag womöglich auch daran, dass hier neben den Gästen immer viele Stricherjungen in der Nähe der Toiletten darauf warteten, von den schwulen Kunden beauftragt zu werden.

Die Freizügigkeit der Drei Sterne fand dann aber mit dem Beginn der NS-Zeit ein schnelles Ende. Die Geheime Staatspolizei wusste, dass das Lokal besonders von homosexuellen Männern besucht wurde. Deshalb wurden die Gäste observiert und Razzien vor Ort durchgeführt. Im Jahr 1935 wurde es dann endgültig von der Exekutive geschlossen. Heute existiert das Café und Restaurant nicht mehr, obwohl es nach dem Zweiten Weltkrieg 1952 einen Versuch gab, es wiederzueröffnen. Das klappte auch ein paar Monate, die Behörden weigerten sich jedoch, eine Tanzerlaubnis und eine Verlängerung der Polizeistunde zu erteilen. Deshalb schaffte es das Zu den drei Sternen nicht, zu altem Glanz zurückzufinden.

Adresse Hütten 60, 20355 Hamburg | ÖPNV U-Bahn-Haltestelle St. Pauli, Linie U 3; Bushaltestelle Museum für Hamburgische Geschichte, Linie 112, 607, 688 | Tipp Einen Spaziergang in der schönen Gegend rund um das KomponistenQuartier Hamburg machen.

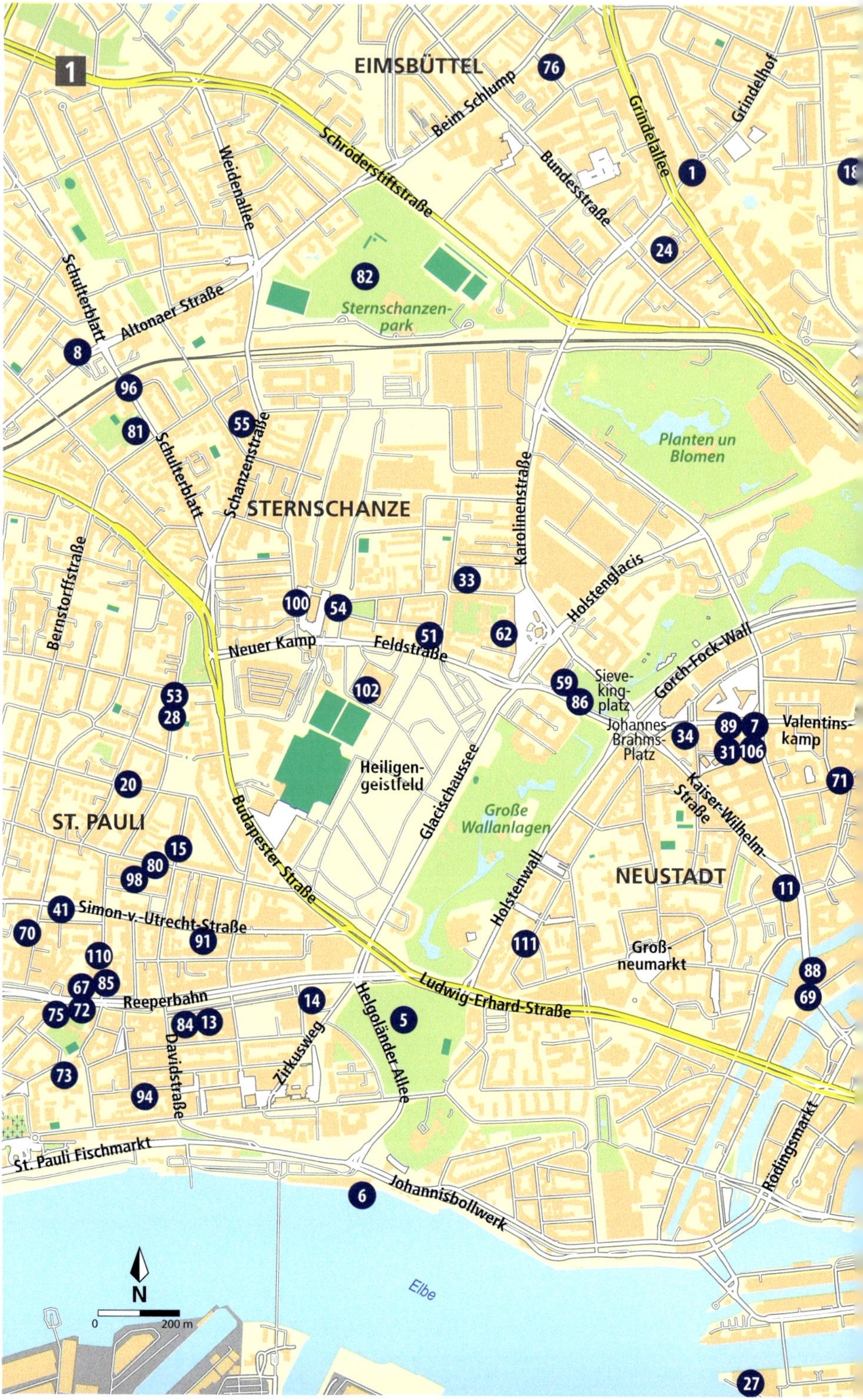

1
EIMSBÜTTEL
Beim Schlump
Grindelallee
Grindelhof
Schröderstiftstraße
Bundesstraße
Weidenallee
Schulterblatt
Altonaer Straße
Sternschanzenpark
STERNSCHANZE
Schanzenstraße
Karolinenstraße
Planten un Blomen
Bernstorffstraße
Holstenglacis
Neuer Kamp
Feldstraße
Gorch-Fock-Wall
Sievekingplatz
Johannes-Brahms-Platz
Valentinskamp
Kaiser-Wilhelm-Straße
Heiligengeistfeld
Glacischaussee
Große Wallanlagen
ST. PAULI
Budapester Straße
Holstenwall
NEUSTADT
Simon-v.-Utrecht-Straße
Großneumarkt
Ludwig-Erhard-Straße
Reeperbahn
Davidstraße
Zirkusweg
Helgoländer Allee
Rödingsmarkt
St. Pauli Fischmarkt
Johannisbollwerk
Elbe
N
0
200 m

UHLENHORST
2
Alster-park
Mittelweg
ROTHERBAUM
Außen-alster
Moor-weide
Mittelweg
Mundsburger Damm
Sechslingspforte
Lange Reihe
An der Alster
Alsterglacis
Stephans-platz
ST. GEORG
Binnen-alster
Jungfernstieg
Ballindamm
Glockengießerwall
Haupt-bahnhof
Hach-mann-platz
Hansa-platz
Steindamm
Adenauerallee
Kurt-Schumacher-Allee
Steintorwall
Mönckebergstraße
Rathaus-markt
Steinstraße
ALTSTADT
Burchard-platz
Domstraße
Spaldingstraße
Nordkanalstraße
Willy-Brandt-Straße
HAMMERBROOK
Amsinckstraße
HAFENCITY
74
12
10
42
95
19
4
3
109
68
16
37
64
43
87
21
38
56
22
58
108
78
23
65
107
26
2
66
103
104
83
29
35
79
9
101
97
90
46
49
25

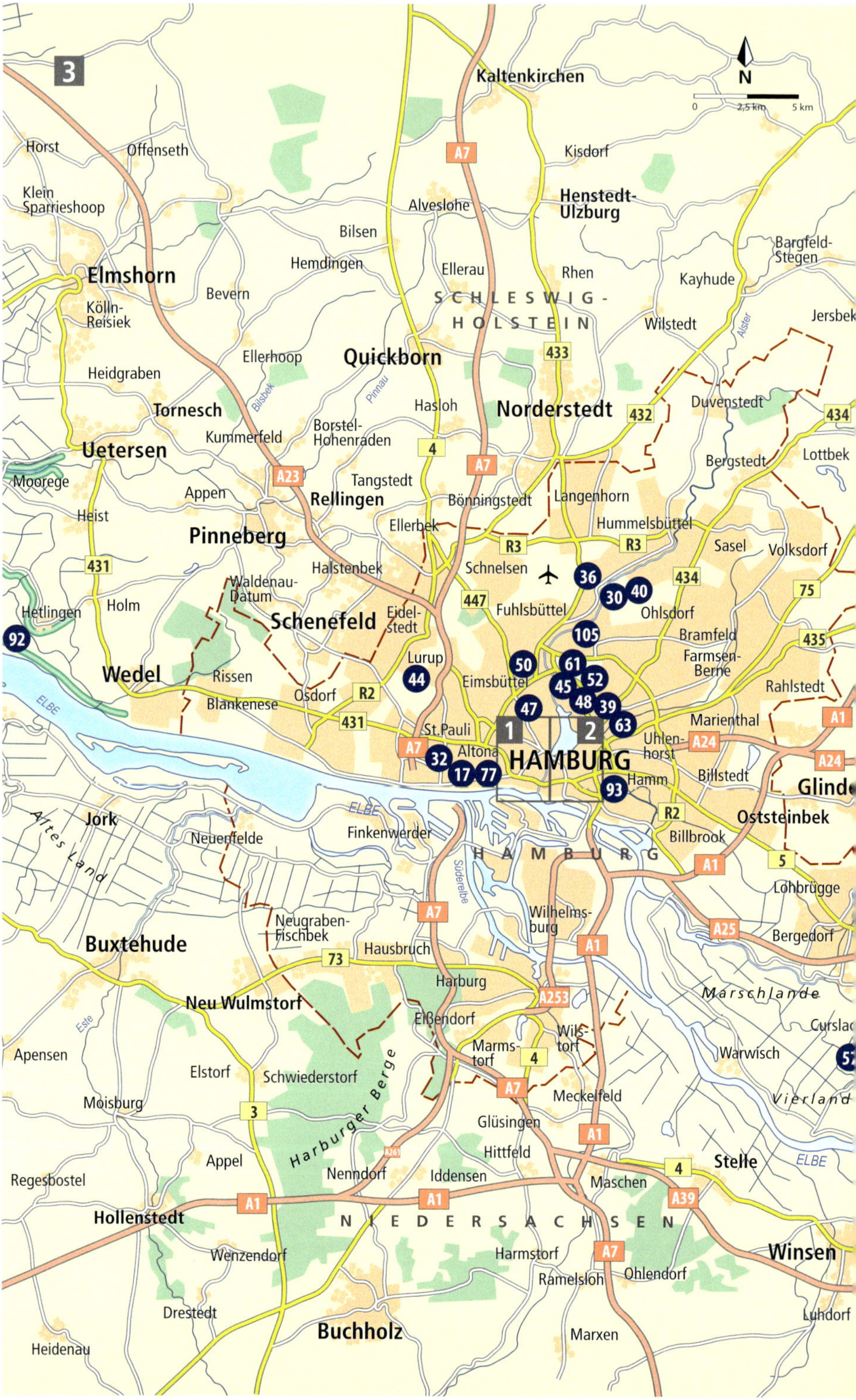
3
N
0 2,5 km 5 km
Kaltenkirchen
Horst
Offenseth
Kisdorf
Klein Sparrieshoop
Alveslohe
Henstedt-Ulzburg
Bilsen
Hemdingen
Bargfeld-Stegen
Elmshorn
Ellerau
Rhen
Kayhude
Bevern
Kölln-Reisiek
SCHLESWIG-HOLSTEIN
Wilstedt
Jersbek
Alster
Ellerhoop
Quickborn
Heidgraben
Bilsbek
Pinnau
Hasloh
Norderstedt
Duvenstedt
Tornesch
Borstel-Hohenraden
Kummerfeld
Uetersen
Bergstedt
Lottbek
Moorege
Tangstedt
Appen
Rellingen
Bönningstedt
Langenhorn
Heist
Ellerbek
Hummelsbüttel
Pinneberg
Sasel
Volksdorf
Halstenbek
Schnelsen
Waldenau-Datum
Hetlingen
Holm
Schenefeld
Eidel-stedt
Fuhlsbüttel
Ohlsdorf
Bramfeld
Lurup
Farmsen-Berne
Wedel
Rissen
Eimsbüttel
Rahlstedt
ELBE
Blankenese
Osdorf
Marienthal
St.Pauli
Uhlen-horst
Altona
HAMBURG
Billstedt
Glinde
Hamm
Jork
Altes Land
Neuenfelde
Finkenwerder
Oststeinbek
Billbrook
HAMBURG
Süderelbe
Lohbrügge
Wilhelms-burg
Neugraben-Fischbek
Buxtehude
Bergedorf
Hausbruch
Harburg
Neu Wulmstorf
Marschlande
Eißendorf
Este
Apensen
Marms-torf
Wils-torf
Warwisch
Curslac
Elstorf
Schwiederstorf
Harburger Berge
Moisburg
Meckelfeld
Vierland
Glüsingen
Appel
Hittfeld
Stelle
Regesbostel
Nenndorf
Iddensen
Maschen
Hollenstedt
NIEDERSACHSEN
Wenzendorf
Harmstorf
Winsen
Ramelsloh
Ohlendorf
Drestedt
Luhdorf
Buchholz
Marxen
Heidenau
A7
A23
A24
A25
A1
A39
A253
A261
R2
R3
3
4
5
73
75
431
432
433
434
435
447
1
2
17
30
32
36
39
40
44
45
47
48
50
52
57
61
63
77
92
93
105

Stefanie Sohr
111 Orte auf St. Pauli, die man gesehen haben muss
ISBN 978-3-7408-0685-9

Jochen Reiss
111 Orte in Hamburg, die man gesehen haben muss
ISBN 978-3-7408-1211-9

Jochen Reiss
111 Orte rund um Hamburg, die man gesehen haben muss
ISBN 978-3-7408-1550-9

Rike Wolf
111 Orte in Hamburg, die uns Geschichte erzählen
ISBN 978-3-7408-1387-1

Annett Rensing
111 Hamburger Meisterwerke, die man gesehen haben muss
ISBN 978-3-7408-0987-4

Cornelius Hartz
55 ½ Orte rund um die Reeperbahn, die man gesehen haben muss
ISBN 978-3-95451-734-3

Jochen Reiss
111 Orte im Alten Land, die man gesehen haben muss
ISBN 978-3-7408-0810-5

Michael Moll
111 norddeutsche Campingplätze, die man kennen muss
ISBN 978-3-7408-1266-9

Daniela Clément
111 Orte für Kinder in Hamburg, die man gesehen haben muss
ISBN 978-3-7408-1519-6

Ingo Stock
111 Orte auf Spiekeroog, die man gesehen haben muss
ISBN 978-3-7408-0888-4

Jens Dreisbach
111 Cocktails, die man getrunken haben muss
ISBN 978-3-7408-1632-2

Sandra Honigs, Marc Meßing, Beate Pelzer
111 Amphibien, die täglich unsere Welt verbessern
ISBN 978-3-7408-1274-4

Bernd Flessner, Hannah Fleßner
111 Orte in der Krummhörn, die man gesehen haben muss
ISBN 978-3-7408-1216-4

Lucia Jay von Seldeneck
111 Orte in Berlin, die man gesehen haben muss
ISBN 978-3-7408-1680-3

Daniela Dejnega, Luzia Schrampf
111 Schaumweine aus aller Welt, die man getrunken haben muss
ISBN 978-3-7408-1222-5

Manfred Reuter, Lena Reuter
111 Orte auf Norderney, die man gesehen haben muss
ISBN 978-3-7408-1649-0

Sina Beerwald
22 Touren auf Sylt, die man gemacht haben muss
ISBN 978-3-7408-1647-6

Bernd Flessner
111 Orte auf Juist, die man gesehen haben muss
ISBN 978-3-7408-1674-2

Tatiana Morlock
111 Alltagsabenteuer, die glücklich machen
ISBN 978-3-7408-1383-3

Gisela Hopfmüller, Franz Hlavac
111 Ideen für einen besonderen Garten
ISBN 978-3-7408-1382-6

Marisa Becker, Peter Becker
111 ungenutzte Pflanzen, die man gegessen haben muss
ISBN 978-3-7408-1200-3

Alexandra Schlennstedt, Jobst Schlennstedt
111 Orte in Lübeck, die man gesehen haben muss
ISBN 978-3-7408-1548-6

Maren Kaschner, Anselm Neft
111 Orte auf Rügen, die man gesehen haben muss
ISBN 978-3-7408-1549-3

Christine Izeki, Gerald Roemer
111 Orte im Wendland, die man gesehen haben muss
ISBN 978-3-7408-1520-2

Carsten Sebastian Henn
111 Weine aus aller Welt, die man getrunken haben muss
ISBN 978-3-7408-0859-4

Bernd F. Gruschwitz
111 Orte in Bremen, die man gesehen haben muss
ISBN 978-3-7408-1522-6

Annett Klingner, Pascal Klunder, Katja Erdmann
111 Dinge über Katzen, die man wissen muss
ISBN 978-3-7408-1204-1

Roland Grumt Suárez,
Holger Grumt Suárez
**111 Dinge über Affen,
die man wissen muss**
ISBN 978-3-7408-1214-0

Dorothee Fleischmann,
Carolina Kalvelage
**111 Orte im Weserbergland,
die man gesehen haben muss**
ISBN 978-3-7408-1511-0

Cornelia Kuhnert
**111 Orte in Hannover die
man gesehen haben muss**
ISBN 978-3-7408-1513-4

Jochen Reiss
**111 Orte in Nordfriesland, die
man gesehen haben muss**
ISBN 978-3-7408-1491-5

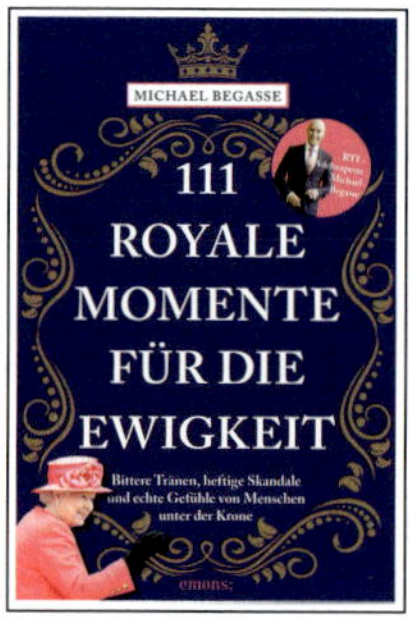

Michael Begasse
**111 royale Momente
für die Ewigkeit**
ISBN 978-3-7408-1223-2

Jobst Schlennstedt,
Alexandra Schlennstedt
**111 Orte an der Ostseeküste
Schleswig-Holsteins, die man
gesehen haben muss**
ISBN 978-3-7408-1295-9

Uwe Grießmann, Sonja Klima
**111 Orte in und um Hildesheim,
die man gesehen haben muss**
ISBN 978-3-7408-1421-2

Sina Beerwald
**111 Orte auf Sylt, die man
gesehen haben muss**
ISBN 978-3-7408-1389-5

Petra Wochnik
**111 Dinge über das
Wattenmeer, die man
wissen muss**
ISBN 978-3-7408-1081-8

Jan Gralle, Vibe Skytte
111 Orte in Kopenhagen, die man gesehen haben muss
ISBN 978-3-7408-0243-1

Gabriele Haefs
111 Orte in Oslo, die man gesehen haben muss
ISBN 978-3-7408-1088-7

Tarja Prüss
111 Orte in Helsinki, die man gesehen haben muss
ISBN 978-3-7408-0342-1

Christiane Bröcker, Babette Schröder
111 Orte in Stockholm, die man gesehen haben muss
ISBN 978-3-95451-203-4

Thomas Fuchs
111 Orte in Amsterdam, die man gesehen haben muss
ISBN 978-3-95451-209-6

Bernd Imgrund
111 Kölner Orte, die man gesehen haben muss
ISBN 978-3-7408-0801-3

Kay Walter, Rüdiger Liedtke
111 Orte in Brüssel, die man gesehen haben muss
ISBN 978-3-7408-0128-1

John Sykes
111 Orte in London, die man gesehen haben muss
ISBN 978-3-7408-0970-6

Rolando Grumt Suárez
111 Orte in Barcelona, die man gesehen haben muss
ISBN 978-3-7408-0994-2

Christopher Ferner arbeitet als freier Journalist unter anderem für das ARTE Magazin, den rbb und Tagesspiegel. Während seines Studiums in Hannover zog es ihn, besonders am Wochenende, immer wieder nach Hamburg. Denn während das queere Nachtleben in der niedersächsischen Hauptstadt kaum bis gar nicht existent war, bot die Hansestadt zahlreiche Bars, Clubs und Partys für die Community.

Steven Meyer arbeitet als freier Journalist und schreibt hauptsächlich über gesellschaftspolitische und queere Themen. Er leitet zudem die Produktionsfirma Wintergarten Film. Obwohl er schon durch die ganze Welt gereist ist, hat Hamburg es ihm schon vor vielen Jahren angetan. Deshalb pflegt er eine ganz besondere Freundschaft zur Hansestadt.

Charlie Spiegelfeld, geboren 1994 in Wien, studiert und arbeitet als Fotografin und Künstlerin in Hamburg.